ALAIN DE BOTTON

阿兰·德波顿作品集

[英] 阿兰·德波顿 著

袁洪庚 译

工作的迷思

上海译文出版社

给塞缪尔

盖房、丈量、锯木板，

干铁活、吹制玻璃、制铁钉、修桶、铺铁皮屋顶、覆盖瓦片，

装配船只、建筑船坞、加工鱼类、用铺路机铺石板人行道，

抽水机、打桩机、摇臂吊杆、煤窑、砖窑，

煤矿和所有下面的矿藏、黑暗中的灯、回声、歌曲、沉思……[1]

——摘自瓦尔特·惠特曼，《各行各业的歌》

1　引自楚图南、李野光翻译，人民文学出版社 1987 年版的《草叶集》。——
译者

文学的意义
——新版作品集代总序

阿兰·德波顿

在人类为彼此创造的艺术形式和作品中，有一个门类占据了最大比重，即以某种形式探讨伤痛。郁郁寡欢的爱情，捉襟见肘的生活，与性相关的屈辱，还有歧视、焦虑、较量、遗憾、羞耻、孤立以及饥渴，不一而足；这些伤痛的情绪自古以来就是艺术的主要成分。

然而在公开的谈论中，我们却常常勉为其难地淡化自身的伤情。聊天时往往故作轻快，插科打诨；我们头顶压力强颜欢笑，就怕吓倒自己，给敌人可乘之机，或让弱者更为担惊受怕。

结果就是，我们在悲伤之时，还因为无法表达而愈加悲伤——忧郁本是正常的情绪，却得不到公开的名分。于是，我们在隐忍中自我伤害，或者干脆听任命运的摆布。

既然文化是一部人类伤痛、悲情的历史，那么，所有的问题都能予以修正，把绝望的情绪拉回人之常情，给苦难的回味送去应有的尊严，而对其中的偶然性或细枝末节按下不表。卡夫卡曾提出："我们需要的书（尽管也适用于其他任何艺术形式）必须是

002.

一把利斧，可以劈开心中的冰川。"换言之，找到一种能帮助我们从麻木中解脱的工具，让它担当宣泄的出口，可以让我们放下长久以来对隐忍的执念。

细数历史上最伟大的悲观主义者，他们中的每一人都能抚慰这种被压抑的苦楚。用塞内加的话说："何必为部分生活而哭泣？君不见全部人生都催人泪下。"或者就像帕斯卡的叹喟："人之伟大源于对自身不幸的认知。"而叔本华则留下讽刺的箴言："人类与生俱来的错误观念只有一个，即以为人生在世的目的是为了得到幸福……智者知道，人间其实不值得。"

这种悲观主义缓和了无处不在的愁绪，让我们承认：人生下来就自带瑕疵，无法长久地把握幸福，容易陷入情欲的围困，甩不掉对地位的痴迷，在意外面前不堪一击，并且毫无例外地，会在寸寸折磨中走向死亡。

这也是我们在艺术作品中反复遭遇的一类场景：他人也有跟我们同样的悲伤与烦恼。这些情绪并非无关紧要，也无须避之不及，或被认为不值思量。关键在于我们如何看待。艺术作品带我们走近那些对痛苦怀有深刻同情的人，去触摸他们的精神和声音，而且允许我们穿越其间，完成对自身痛苦的体认，继而与人类的共性建立连接，不再感觉孤立和羞耻。我们的尊严因而得以保留，且能渐次揭开最深层的为人真理。于是，我们不仅不会因为痛苦而堕入万劫不复，还会在它的神奇引领下走向升华。

不妨把自己想象成一组同心圆。所有一眼望穿的事物都在外圈：谋生手段，年龄，教育程度，饮食口味和大致的社会背景。
不难发现，太多人对我们的认知停留在这些圈层。而事实上，更
内里的圈层才包裹着更隐秘的自身，包括对父母的情感、说不出
口的恐惧、脱离现实的梦想、无法达成的抱负、隐秘幽暗的情欲，
乃至眼前所有美丽又动人的事物。

　　虽说我们也渴望分享内里的圈层，却又总是止步于外面的圈
层。每当酒终人散，回到家中，总能听见心中最隐秘的部分在细
雨中呼喊。传统上，宗教为这种难耐的寂寞提供了理想的解释和
出路。宗教人士总说，人的灵魂由神创造，唯有神才能知晓其间
最深层的秘密。人也永远不会真正地孤独，因为神总是与我们同
在。宗教以其动人的方式关照到一个重要命题，意识到人对被深
刻了解和赞赏的愿望何其猛烈，并且大方地指出，这种愿望永远
也无法在其他凡人身上得到满足。

　　而在我们的想象空间里，取代宗教地位的是人和人之间的爱
情膜拜，俗称浪漫主义。它朝我们抛来一个漂亮而轻率的想法，
认为只要我们足够幸运和坚定，从而遇到那个被称为灵魂伴侣的
高维存在，就有可能打败寂寞，因为他们能读懂我们的所有秘密
和怪癖，看清我们的全貌，并且依然为这样的我们陶醉沉迷。然
而，浪漫主义过后，满地狼藉，因为现实一再将我们吊打，证明
他人永远无法看透我们的全部真相。

　　好在，除了爱情和宗教的诺言之外，尚有另一种可用来关照
寂寞的资源，并且还更为靠谱，那就是：文学。

目录

译者序

袁洪庚

英国作家阿兰·德波顿在《工作的迷思》(*The Pleasures and Sorrows of Work*)一书中，以旁观者的角度近距离冷眼观察当代职业的种种景况。

工作占去一个人一生中最有活力、最具创造性的大部分美好时光。的确，除去少数"出生时嘴里即含着银汤匙"的幸运儿，为了生存下去便要工作，这是地球人都明白的常识。"境由心生"，倘若有一良好心态，不仅仅将工作视作眼下谋生的手段和未来养老的保障，而且还在平凡的体力脑力劳作中发掘出意义或意趣，以出世的精神做入世的事业，人们就完全可以从工作的过程和结果中找到极大的乐趣。除维持生命的生理与安全需求以外，马斯洛的人本主义人格发展理论的其余5个层次的需求均与工作有关联，诸如归属与爱的需求、自尊需求、知的需求、美的需求和自我实现需求。在不损害他人利益的前提下，主体的主观感受实为自由人处世的唯一评判标准，这大概也就是人们常说的"自得其乐"。曾经饱受磨难、从事过多种工作的高尔基亦认同此种主观感

002.

受："工作是快乐时，人生便是幸福。工作是义务时，人生便是苦役。"

工作也即生活，这就是《工作的迷思》的启示。

在某种程度上，德波顿的新书可看作18世纪启蒙主义作家伏尔泰的哲理小说《老实人》（1759年）的"互文"。伏尔泰批判盲目的乐观主义。他认为人世远非完美，"黄金国"亦非乐土，因此借主人公康迪德之口说出为许多人认同的大实话："还是种咱们的园地要紧。"

250年岁月匆匆流逝，如水、如梭、如青山之巅的浮云，一如伏尔泰，德波顿亦对工作寄予深情，只是视角已有些许改变，他着眼于工作带来的种种"喜悦与悲哀"。

在德波顿这里，工作以及具有"副业"性质的业余爱好虽然极具挑战性，有挫折、有艰辛，却是人生最享受、最持久、最有益的乐趣，而且与资产阶级的、新教伦理的看问题角度大相径庭。

工作能够转移我们的注意力，给我们一个美好的气泡，让我们置身于其中，去使人生臻于完美。

显得很颓废的诗人波德莱尔发表过类似的观点："考虑过所有因素后，人们发现，与取乐相比，工作并不那么枯燥乏味。"

伏尔泰的康迪德认为工作可以使人免除无聊、罪恶和匮乏三大恶事，德波顿则发现工作还有鸦片烟之于瘾君子的功用："倘若还有等待完成的工作，人便很难惦记着死亡……"

他承认，人类对工作的热情是一种"……盲目的意志力，同一只蛾子艰难地爬过窗台一样感人至深。这只蛾子在匆匆掠过的油漆刷子留下的一团油漆前绕行，不愿去细想更宏大的未来规划，其中也包括它自己将在午夜到来之前死去"。

这令我们想起 2 000 多年前，餐风宿露，历尽艰辛带领弟子周游列国的孔子对理想人生的认识："发愤忘食，乐以忘忧，不知老之将至云尔。"

书评家凯莱布认为德波顿在书中乐此不疲地取笑劳作者就像关在围栏里的犯人一般，有失忠厚。德波顿自己曾辩解说，写作该书的目的是介绍很少有人以艺术手法去表现，有时却很吃力、很令人沮丧的工作。"我从码头上那些人那儿得到启示，想写一本书赞美现代工作场所体现的睿智特性，美好与丑陋的一切，尤其是它特别有能力供给我们的、与爱同在的、使生活之意义得以永存的首要物质源泉"。其实他只是表现出英国人的气质而已：幽默，有时甚至尖酸刻薄；优越，有时甚至有几分狂妄自大。譬如他挪揄一位 40 多岁，有志于在自己出生的村庄里开一家茶馆的公司女雇员的创业计划："成功与否并不取决于你能流利地宣称'我能移动大山'。"

第五章中对火箭发射后一位主持人的细致描写亦入木三分：

唯一情绪平静如常的人便是那位香港电视主持人，她闷闷不乐地坐在桌旁，将盘里的虾拨来拨去。她无力地微笑着说发射令人失望，还说她已开始自己的倒计时，盼着回到俯瞰维多利亚港的公寓里去。唯我独尊的意识受到伤害，她大概因此感到不快。唯一使她愉快的话题似乎是蚊子。虽然别人讲述挨蚊子叮咬的故事如同复述做过的梦一般乏味，她却大肆详谈如何在发射时被蚊子吞噬，还把脚踝亮出来给大家瞧，试图借如此多的小生物对她发生兴趣最终证明她的魅力锐不可当。那时我才意识到，真有人会吃一枚火箭的醋。

　　作者对工作与人生之间关系的表述严谨而富于哲理，令读者感悟到一位当代哲人的睿智。在谈到业余消遣时作者展示出真率自然，怀有诗人般的赤子之心的另一面。他细致描写处于后现代主义时代的人们匪夷所思的种种业余消遣以及所带来的乐趣。有人傻站在雨里呆呆地望着一艘货船，猜测它再度起锚后将要驶向何处。有一位高压输电线塔鉴赏协会的成员伊恩，乐此不疲地利用闲暇时间沿着高压输电线路跋涉。又有一位邮局职员泰勒，花费几年时间躺在东英吉利亚的一块麦田里为一棵橡树"画像"。这类消遣完全不同于国人熟悉并予以广泛、深度认同的休闲方式：品茗饮酒、吟诗作赋、绘画习字、抚琴吹箫、出门旅游、侍弄花草、养猫养狗、下棋打牌、垒方城看电视侃大山睡懒觉……在我们中国人看来，德波顿在书中仔细描写的这类爱好消遣性不强，甚至有点"冒傻气"。

　　古老的农耕社会生产力低下，使中国人不得不脸朝黄土背朝天，日复一日地艰苦劳作，所以他们仍习惯"偷得浮生半日闲"式的娱乐方式。林语堂说过，中国人是"伟大的悠闲者"，而"时间之所以有用乃在时间之不被利用"。

早已享受到工业革命果实的西方人士对于闲暇和如何利用闲暇的看法却与中国人不同。英国艺术教育家赫伯特·里德认为，只有当消遣是积极的并且是消遣者亲身参与的活动时，它才能被称作游乐，才是一种对闲暇的正常支配。因此，"一个人的职业或工作往往是另一个人的娱乐或游乐……既然我们的所有时间都必须为这种或那种活动所占据，那么工作与游乐之间的区分也就没有多大意义，而我们提到游乐时所指的也不过只是职业的转换"。可以想见，正是对"闲暇"的恐惧使那位邮局职员成为业余画家。

工作也即生活，包括转换为另一种形式的工作，即业余消遣。

德波顿有"英伦才子"之美称，少年老成，行文颇有古风。他善于观察生活，见微知著，遂以十分犀利的笔触信手拈来，自然、风趣、耐人寻味。窃以为德波顿成功的秘诀在于集文学家的丰富想象力和文采、哲学家的理性思辨和睿智、社会学家的深邃洞察力和批判意识以及传统意义上大学者百科全书式的知识于一身，博闻强记，因而可以汪洋恣肆，挥洒自如。

泰勒的努力令作者联想到艺术荡涤人的心灵的作用：

伟大的艺术作品有一种令人浮想联翩的特质。它们会使人关注那些转瞬即逝的东西，譬如在一个炎热无风的夏日下午，一棵橡树给人带来凉爽的树影，或是初秋金棕色的树叶，或是在火车上瞥见的，在忧郁的灰暗天空衬托下，一棵枝叶光秃的树所表现出来的坚忍和悲伤。与此同时，绘画似乎还能够唤醒某些已被忘却的心灵中的往事，让人在冥冥之中再度联想到它们。这些树或许会蓦然唤醒我们未曾说出的诉求，而在夏日天空那一层薄雾中，我们再度看到正值翩翩少年时的自己。

　　《工作的迷思》是一本图文并茂的书，书中照片与文字相互映衬，相得益彰，体现出 21 世纪读图时代的特色。遥想当年，早在文字出现之前，人类便以图画抒发审美情感。譬如，遍布世界各地的岩画（petroglyph）便是一种最早的视觉艺术作品，距今已有 7 万多年。在后现代主义时代，以往历史以共时形态纷纷呈现。德波顿等效法古人，意欲再度迎合当代人追求具体直观意象的审美心理。这种文学表现方式古已有之，不宜一概解释为科技进步方使人类再度进入"读图时代"。文学转向空间模式，作家则意欲以自己的方式复制现实。詹姆逊曾指出：在后现代主义时代，时间成为"永远的现在时，因此是空间性的"。随笔作家德波顿深谙读者心理，《工作的迷思》便是一种读图时代的文学实验。书中照片保持原真，也是对文学传统中"图解"（illustration）理念的颠覆。读者借助照片理解文字，必定会影响或加深读者的理解，反之，读者也需要通过文字读懂照片。读者以读图与读文两种方式阅读，不断切换阅读方式与对象会加深感受，体会日常生活中的哲理，发现新意。在人的记忆中，文字会渐渐淡漠，照片则较长久地驻留，清晰可见可感。

译者在工作中遇到一些不能确定的疑惑或无法解决的困难，曾经通过电子邮件请作者本人解答疑难。译者必须说明，德波顿先生并不主张在译本中过多添加译者注释，唯恐注释会干扰甚至误导读者的解读，因此译者在付梓前已将译注数量削减至方便读者阅读之最低限度。

译者在此衷心感谢德波顿先生的慷慨帮助。

译者在以往的译事中甚少有过翻译此类文体的经验，倘有疏漏之处，尚祈海内外方家不吝指教。

此次修订中，译者尽量改正疏漏错讹之处，却不敢断言是否更得体。按照新近的行文习惯，译者改动一些标点符号，譬如多用逗号，少用顿号。国人习得的诸种拼音文字中没有顿号，因此用逗号替代顿号的新潮行文习惯许可归于近年来中文受外文影响的结果之一，是一种文字国际化。德波顿多用长句，此次译者尝试把某些长句分为短句，以利阅读。

第一章
货船追踪

1

设想一次穿越现代世界某一大城市的旅行。在10月底某个特别阴沉的星期一出发去伦敦，飞越它的配电中心、水库、公园和殡仪馆。想想那里的犯罪者和韩国的游客正在做什么。去皇家公园酒店附近看生产三明治的工厂，去豪恩斯洛看为航空公司配餐的加工厂，去参观敦豪航空货运公司位于巴特西的货场，还有伦敦城市机场停放的"湾流"飞机，"走私者之路"上快捷假日酒店里的清洁车。先去索思沃克公园小学，听那儿食堂里传出的嗷嗷尖叫声，再去帝国战争博物馆里想象无声的炮响。设想驾校教练、抄水表电表的人以及踌躇不决的通奸者的生活。置身于圣玛丽医院的产科病房里，观察早产三个半月的婴儿阿什丽莎，她身上插着管子，躺在一个瑞士奥布瓦尔登州出产的塑料箱子里。窥探白金汉宫西区的国事厅。仰慕一番女王，她正与200名残疾运动员共进午餐，然后在喝咖啡时发表了一通褒扬有志者事竟成的演讲。在议会里，紧接着政府大臣发言，提出制定一项法案，规定公共建筑中电源插座的高度。评判国家美术馆的理事会成员投票表决收购 18 世纪意大利画家乔瓦尼·帕尼尼 [1] 的一幅作品有无不妥。仔细瞧瞧那些人的面孔，他们已报名扮圣诞老人，此时正待在牛津大街塞尔弗里奇百货公司地下室里，等待面试。在汉普斯特德的弗洛伊德博物馆里，还可以聆听那位匈牙利精神分析学家 [2] 发表演讲，谈偏执狂和母乳喂养，为他所使用的词汇惊叹不已。

与此同时，在这座首都东部边缘地区还发生了一件事，不过此事在公众心中不会留下多少印象，除了直接参与者，别人也不会注意到它。尽管如此，这件事仍有记录价值，那便是"海上女神"号由亚洲驶入伦敦港。这艘船是 10 年前由三菱重工在长崎造的，足足有 390 米长，漆成橘黄色和灰色，船名显得目中无人，它并未做出努力使人联想到传统女神应具有的气质，诸如优雅和美貌等。它的身躯低矮、宽大，足足有 80 000 吨重，船尾凸出，像一只塞得过满的垫子。船上高高堆放着上千只颜色各异的钢制集装箱，装满各种货物。它们来自世界各地，从神户条状地带的工厂到非洲阿特拉斯山的果园。

这艘巨型轮船的目的地并非泰晤士河上比较知名的地段，游客在那些地方顶着柴油机散出的难闻气味买冰淇淋吃。它要去的

---

1 Giovanni Panini（1692—1765），意大利画家，擅长将后期巴洛克艺术与早期浪漫主义结合起来。——译者

2 弗洛伊德是奥地利精神分析学家。原文此处似有笔误。——译者

地方河水已呈污糟糟的褐色，两岸凌乱地分布着码头和货仓。这是一片伦敦居民很少造访的工业区，不过他们有条不紊的生活，他们所需的"坦格健怡"香橙味汽水和已搅拌成浆的水泥均得依赖它的复杂运转。

我们这艘船是前一天晚上到达英吉利海峡的。它沿着肯特郡弓形海岸线航行，来到马盖特以北几英里之处。到了黎明时分，它开始最后一段旅程，溯泰晤士河下游驶去。这儿风光秀丽而又苍凉，使人不仅联想起它原始的过去，也憧憬到反乌托邦的未来。在这儿，人们将信将疑，不知远古时代的雷龙属恐龙会不会从一家报废的汽车工厂后面一跃而出。

从表面上看，河面很宽阔，实际上却只有一条适于航行的狭窄水道。这艘船先前在几百米宽的辽阔水域里恣意戏水，现在则谨慎前行，像一只妄自尊大的野生动物被关进动物园围栏，它的声带审慎地发出一串嘟嘟响。船桥上，马来西亚船长在仔细看海图，上面一丝不苟地描绘出水下每一海脊和海底斜坡，从坎维岛到里士满，而河道周围的地形也已标示出，甚至包括纪念碑和民用建筑最密集的地区，看上去就像早期探险家的海图上标注的"未探明区域"。船两侧的河面上，塑料瓶子、羽毛、软木塞、被海水冲刷得很光滑的木板、毡尖笔和褪色的玩具在水里打着漩儿。

11点刚过，"海上女神"号泊靠上蒂尔伯里的集装箱码头。它在海上经历过一番磨难，本该期待出现一位二流显要人物前来

迎接，或由合唱团唱一曲《喜悦欢腾》[1] 表示欢迎。可是出来迎接的只是一位装卸队工长，他递给一个菲律宾海员一叠海关单据便匆匆离去，并不启齿动问马六甲海峡的日出景色如何壮丽，或斯里兰卡附近的海里有没有海豚。

　　单就这条船的航程而言那也很不简单，真可谓路途遥遥。3 星期前它从横滨起锚，一路上到过四日 [2]、深圳、孟买、伊斯坦布尔、卡萨布兰卡 [3] 和鹿特丹。仅仅在几天前，当时霏霏阴雨落在蒂尔伯里的货棚顶上，它才顶着酷热的阳光驶过红海，船的上空盘旋着一群来自吉布提的鹳。现在，起重机的钢铁巨臂在船上方移动，把各种货物分门别类卸下，诸如鼓风烤箱、跑鞋、计算器、日光灯管、腰果以及色彩鲜艳的玩具动物。到了傍晚，船上的一箱箱摩洛哥柠檬便会摆上伦敦闹市区商店里的货架。到第二天拂晓，新型号的电视机便会出现在约克。

　　没有多少顾客费神去细想他们吃的水果来自何方，更少有人会关心自己身上的衬衣是在哪儿制作的，连接淋浴水管与洗澡盆之间的套环是什么人铸造的。我们购买的东西的产地，这些东西

1　Exultate，jubilate，莫扎特为歌唱家劳乌济尼所作的一首宗教赞歌，第三段是最著名的"哈利路亚"。——译者

2　Yokkaichi，日本本州南部港口城市、制造业和航运业中心，位于伊势湾边、名古屋西南。——译者

3　Casablanca，摩洛哥西北部濒临大西洋岸港口城市，位于坦格尔西南偏南。——译者

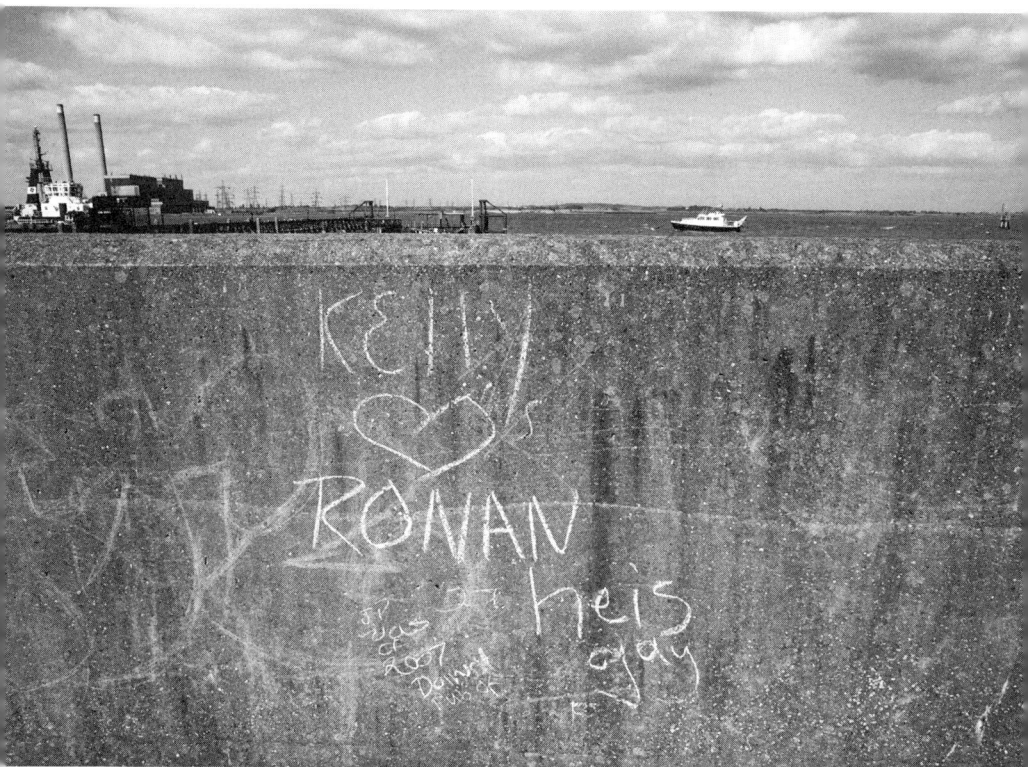

又如何运到商店里，这些都是没有人关心的问题，虽然至少对于想象力较强的人来说，纸盒底的一丝潮气或印在电脑连线上的一个不引人注意的代码会暗示，商品的生产和运输过程比商品本身更高贵、更神秘，也更值得钦佩和研究。

2

在 10 月的这一天里，"海上女神"号只是沿着泰晤士河驶入港口的十几艘船中的一艘。一艘芬兰船从波罗的海驶入，船上装载着一卷卷纸张，有铁路隧道那么宽，即将运往沃平[1] 和西渡口[2]，填进咔嚓咔嚓的印刷机口中。一艘货船停泊在蒂尔伯里发电站旁边，吃水很深，那是被 5 000 吨哥伦比亚煤重压的结果。在新年到来之前，这些燃料足够为英格兰东部所有的电水壶和吹风机提供电力。

在一个码头边，一艘专运汽车的货船打开沉甸甸的货仓门，吐出 3 000 辆厢式小客车。离开朝鲜半岛蔚山的组装工厂后，这些汽车已在海上漂泊了 20 天。全是外形基本相同的"现代阿米卡斯"，车上的新塑料和合成地毯散发出气味。这些车会见证驾车人吃三明治当午餐，与人争辩、做爱、在高速公路上听歌。人们会驾着它们去风景区游玩，把它们停泊在学校停车场上，听任落叶

1　Wapping, 英国《泰晤士报》《太阳报》《世界新闻报》等报业所在地，1986 年后由舰队街迁来。——译者

2　West Ferry, 英国报纸印刷业所在地。——译者

聚在四周。其中有几部会杀死车主。瞧瞧这些没人动过的车子内部，你会看到座位用褐色的纸裹着，上面用优雅、神秘的朝鲜文印着注意事项。这时你会产生一种感觉，好像自己强行闯入了一个天真无邪的圣地，通常会联想到一个新生婴儿的睡房。

这个港口并不使人觉得有丝毫诗意。在装饰着烟色玻璃的总部，蒂尔伯里附近的船舶公司直率地介绍自己可提供的服务。为了打消顾客的顾虑，使他们上钩，它们也暗示船会循着秘密航线航行，在两地之间承运客户意欲运输的世上的所有货物，甚至不惜在冬天绕过好望角，或承运30部喷气式飞机上使用的发动机穿越太平洋。

不过码头永远不会显得全然平淡无奇，因为与海洋相比，人类总是微不足道的。而每当人们提到远方的港口城市，总对那些地方可能展示的生活怀有一种迷茫的希望，认为它会比我们熟悉的所有生活方式更具有活力。与横滨、亚历山大和突尼斯一类的港口紧密联系在一起的是一种浪漫的情怀，实际上这些地方亦不免沉闷和平庸，只是它们距离我们甚远，暂时尚能使我们沉湎于毫无理由的沉思遐想之中，并因此心满意足。

3

事实上，这些船的目的地并不是一个孤零零的、有凝聚力的港口，而是松散、杂乱地分布在从格雷夫森德到伍德威克渡口之

间、泰晤士河沿岸的装卸码头和工厂。船只不断从这儿驶入，不论是潮湿的夏天还是浓雾弥漫的冬季，白天还是黑夜，运送大半个伦敦所需的砾石、螺纹钢、大豆和煤，以及牛奶、纸浆，还有造饼干少不了的甘蔗和发电机工作所需的一种碳氢化合物。就像伦敦的博物馆一样，这块地方值得留意，不过旅游指南总是避而不谈它。

许多工厂就坐落在泰晤士河岸上，近得可以直接从船的货舱里挖出或吸出固体、液体的原料。这些工厂生产几种不很有名的化工产品，在我们这个功利的现代社会发挥做表面文章的能力，诸如添入牙膏、使之保持湿润的多羟基化合物，作为洗衣清洁液稳定剂使用的柠檬酸，使谷类食品变甜的糖类代用品，使肥皂和黄原胶保持黏稠性的甘油三硬脂酸酯。

为了掌握化学和物理学中严格的，无法灵活变通的种种规则，负责卸下这些原料的工程师们放弃了原本迫切想做的事情。这些人完全可能花费20年时间专门研究如何存储易燃溶液或木质纸浆对水蒸气的反应。闲暇时，他们便会翻阅《危险品运输通报》[1]，世界上唯一一份专事研究安全装卸和运输油类以及化学制品的月刊。

不论这些建在港口的庞大厂房看上去多么不符合人性，毕竟

---

1 *Hazardous Cargo Bulletin*，英国因塔普雷斯出版公司出版的刊物，1980年创刊，刊载研究石油、煤气、化学品等危险物品的运输、储存的文章。——译者

它们也是受人类自己平淡无奇的爱好驱动才建立起来。河边一家工厂的建筑物屋顶上的烟囱嘶嘶地冒出橘黄色的烟雾，中部伸出许多管子，活像许德拉 [1]9 个脑袋上的触角。它既没有做什么大逆不道的恶事，也不神秘莫测，不过只是一家生产切达干酪饼干的企业而已。一艘油轮从鹿特丹穿过北海黄泥色-褐色水域来到这儿，运来二氧化碳，用它为孩子们喝的柠檬水生出泡沫。金佰利克拉克公司在北弗列特设的工厂像一个灰白色的钢铁盒子，有 8 层楼高，足以装进一艘航空母舰。它造出一盒盒两层厚的、成卷的厕纸。正是因为我们全都喜好糖果、坚果、饮料和纸巾，遥远大陆的船只才应召而来，可与圣保罗大教堂的尖顶试比高低的塔楼才纷纷拔地而起。

　　港口周围的作业十分神秘莫测，人们看到的也只是全部活动的一个片段而已，不能指望更多。一位船长在泰晤士河下游的水域里尚可行使最高指挥权，可是一旦他的船泊靠上码头，他的权力突然荡然无存，就像他的海图立即失去效用一般。他被降级，他的身份变为一个前来学习的参观者，观察码头装卸工作如何进行，如何长期冷藏柑橘类水果。

　　不论我们如何为失去什么都懂一点儿的多面手而感到悲哀，一旦认识到时代使我们得以领略无懈可击的专业大师的风采，这

　　1　Hydra，希腊神话中的九头蛇怪，被斩去脑袋后会生出两个脑袋，后来被赫拉克勒斯杀死。——译者

种悲哀也便可被抵消，比如说那些研究贮放沥青或是建造船只装货专用传送带的专家。每当我们想到有医学教授专事研究人类肝脏中酶的活动，或无论何时世界上都有几百位学者在专门研究法兰克历史上的晚期墨洛温王朝 [1]，把研究成果刊载在德国蒂宾根大学人文科学系主办的学术期刊《中世纪研究》上，这悲哀亦不失为一种安慰。

向专业化方向发展的趋势也体现在机械层面上。码头区布满大众无法搞到手，或无法广泛应用的机器，不过它们没有卡车、货车一类普通运输工具不够专业的弱点。它们像长相奇特的动物，作为补偿，与世隔绝的生活环境造就了它们的特殊才能，如用鼻子吸出匿身于泥中的甲虫，或把身体倒挂在地下河上，不过它们却不具备一般动物的技能。美国俄亥俄州克利夫兰希斯特公司建造的 R30XM2 型叉车的最高时速仅仅是每小时 5 公里，但是在空间狭小的仓库里它能轻快地掠过水泥地，像跳芭蕾舞一般敏捷地从狭窄走廊两侧的顶层货架上取下一卷卷纸。

人们自然会钦佩那些有耐性和胆识的人，他们投资建立起一些工业的附属产业，例如投资 2.5 亿美元使一艘远洋集装箱运货船下水。这些投资者挪用一个国家的邮递员或护士一辈子的积蓄，拿这些钱赌一把，投入设在巴拿马的仓库或设在汉堡的管理部门。

1　Merovingian（486—751），第一个法国王室，由克洛维一世建立，后被绰号"矮子"的丕平三世颠覆。——译者

他们并不认为自己这样做不合情理或显得自以为是。他们可以把资金投出去，在10年或更长的时间里把钱放在船长或大副手里，听任他们穿越南北回归线，远航到长岛海峡和爱奥尼亚海，驶入亚丁和丹吉尔的集装箱港口，因为他们知道那些钱迟早会回流，而且增加很多，那是对耐性和用心专一的酬劳。他们懂得自己的投资实际上亦是一种审慎，而且风险小，比把钱藏在床下强得多。那只会令自己终究有一天变得一贫如洗，走上穷途末路。

4

既然这些货船和港口设施既具有重要的现实意义又会引起人们情感上的共鸣，为什么除了参与其运转的人，其他人仍旧会忽视它们呢？

这并不是因为它们不易找到，而且贴有注明不得参观的标示。威尼斯的某些教堂同样也建在隐秘的地方，去游览的人仍络绎不绝。一种意识形态偏见使人视而不见那些货轮和港口，这种偏见认定，对一只储油罐或一家造纸厂一类的东西，或对劳工界的某一侧面的生活表达过于强烈的赞美是古怪的行为。

倒也不是每个人都受到这种想法的影响。在格雷夫森德的一个码头末端，有5个男人站在雨中。他们早已不再留意自己是否显得漂亮，穿着塑胶雨衣和底儿很厚的靴子。他们都不说话，只是专注地瞭望笼罩在薄雾里的河面。他们在留神守候将要在朦胧

中现身的一艘船，知道根据时间表它该是"大尼日利亚"。他们也知道这艘船要驶往拉各斯，知道船上满载着供应非洲市场的福特汽车部件，知道它由苏尔寿900型船用柴油机驱动，全长214米。

其实，他们这样专注并非出于实际需要。他们并不负责在它离去后使用这个泊位接待下一艘船，也不必像附近那一座指挥塔台上的工作人员，要为它指定航路驶入北海。他们只是仰慕它的风姿，观察它行驶的路线。他们热心关注海港中的活动，在欣赏艺术时人们会更经常地看到这样的热忱。他们的行为表明，人类的创造力和才智不仅能在用厚涂法的裸女画中表现，也体现在将车轴运往西撒哈拉沙漠边缘地区的壮举中。与这几个人相比，博物馆里的参观者却显得没精打采，他们在自助餐厅里表现得不耐烦，在纪念品店里没有主见，见到长椅便想立即坐下来。没有多少人会在疾风暴雨的日子里随身带一暖瓶咖啡来到《沐浴的亨德里克》[1]前，在那里待上两个小时。

应该承认，跟踪看船的人热心关注的东西并不会引起特别的联想。他们相互之间交流的是一些统计数字，他们的精力集中在航行日志中记载下的、到达各个港口的时间和航行速度上，记下船有几个涡轮和推进轴的长度。他们的举止活像一个深深坠入爱

---

1 *Hendrickje Bathing*，荷兰画家伦勃朗（1606—1669）的作品，全名为《河中沐浴的亨德里克》，画中人物是画家的女仆亨德里克，后来成为他的妻子。——译者

河的男人，居然请求恋人准许他率性而为，测量她的肘关节与肩胛骨之间的距离。在把激情转换为一系列事实的过程中，这些跟踪看船的人至少在沿袭已形成定规、有据可循的做法。在学术界这种做法表现得最明显，如一位艺术史学家看到一幅 14 世纪佛罗伦萨画家的作品所表现出的柔和、恬静，便会感动得热泪盈眶，遂即会写出一篇专题学术文章。这篇回顾乔托[1]时代颜料生产的文章或许无懈可击，但也是苍白无力的。看来，为了宣泄我们的热情，交流统计数字比考察一个更天真的问题容易一些，即我们如何被打动，为什么被打动。

不论如何不善辞令，这些跟踪看船的人仍旧恰如其分地注意到我们时代里一些最最激动人心的场面。他们明白，什么会令一个火星人或一个孩子流连忘返，什么是我们这个世界上的精彩场面。他们乐于体察到自己的渺小和无知，意识到与现代人广博的集体智慧相比，自己相差甚远。在停靠码头的船旁，他们悄然伫立，脑袋向后仰，凝视船上高耸入云、几乎看不见顶的钢铁塔楼。这时他们进入某种沉默无语、心满意足的惊愕状态之中，就像朝圣者来到沙特尔大教堂[2]的飞拱前的表情。

只要能够满足好奇心，他们并不因自己显得行为怪诞而羞

---

1 Giotto（1267——1337），意大利画家、雕刻家、建筑师，有人认为他是文艺复兴之前意大利最伟大的画家。——译者

2 Chartres，始建于 1145 年，位于法国沙特尔城，是著名天主教堂，哥特式建筑的代表作之一。——译者

愧。为了看到船上的螺旋推进器，他们不惜蹲伏在地上。他们冥想某一艘油轮如今处于大洋何处，想着想着居然睡着了。他们专心致志的态度令人联想到一个小女孩在一条拥挤的商业街中央站着，行人赶忙躲避，以免撞倒她。她仔细得像一位专心钻研一部牛皮装帧古书的《圣经》研究者，却只是想要俯身观察一番一块粘在人行道上的口香糖，或是研究一番自己的外衣口袋是如何封住的。关于什么样的工作是一份好工作，他们颠覆传统观念，也表现得像孩子。他们更在意的是一种职业本身的趣味，而并非它带来的物质利益。据此，他们特别看好在集装箱码头操作起重机的岗位，因为这个人工作时处于一个有利位置，能够俯瞰来往船只和码头四周的情景，就像一个孩子渴望驾驶火车，只是因为车厢的液压门会发出诱人的嘶嘶响声；想开办一家邮局，只是因为把航空邮件的标签贴在蓬松的信封上会为他带来乐趣。

这些执着于看船的人的消遣方式是返璞归真的，与前现代的旅行者的习俗一样。每次来到一个新地方，这些旅行者会对那里的谷仓、灌渠、港口和工场表现出特别的好奇心，觉得观察当地人工作亦很有趣，与欣赏一出戏或小教堂墙上的壁画同样刺激，这使我们摆脱当代某种观点的束缚，这种观点总是将旅游与娱乐紧密联系起来，因而引导我们远离铸铝厂和污水处理厂，转而对喧闹的愉悦产生兴趣，如观赏音乐剧、参观蜡像馆。

河边这几个人却已不再受这种种人们期待看到的东西所左右，他们无拘无束地表达对流动的船上的货物以及喧闹的传送带的关注。一位普通旁观者从他们站立的码头上看到的不外乎是有3辆卡车开出一家工厂的院子,而他们却学会识别它们:这是由"薇瑞拉"号货船从巴西运来的甘蔗,在此处装船继续远航,只是现在它已变成蔗糖。现在,这批货由锡尔弗敦的塔特与莱尔公司[1]发往德比的一家生产葡萄干蛋糕的公司。这些人得到的满足类似于一位鸟类学家透过望远镜窥见一只小鸟时的欢乐,他确信这是一只春天里首次露面的柳莺,刚刚从4 000英里外象牙海岸沼泽里的冬季栖息地飞回来,在歇息。而大多数人只是把它当作一只普通的蓝灰色小鸟,不屑一顾。

5

相比之下,我们中的大多数人置身于各种机器之中,对它们的生产过程却仅有皮相的认识,显得十分无知。我们完全不懂龙门起重机和运输铁矿石的散装货轮如何工作,对经济的理解仅仅局限于一些统计数字,不愿仔细研究开关柜和谷仓,不屑了解高强度抗拉钢缆的制造规程。从伦敦郊外一个码头末端上那几个人那儿,我们能学到的东西还真不少呢。

从他们那儿,本书的作者得到写作的灵感,并且希望本书能发挥类似于18世纪的都市风光画的作用,展示从码头区到教堂、

1　Tate and Lyle,英国一家生产食糖和甜料的公司。——译者

从议会到证券交易所里人们的工作情形。像卡纳莱托[1]的全景画，人们在同一幅画面上看到码头工人卸下板条箱，商人在广场上与人讨价还价，面包师站在烤炉前，女人们在窗前做针线活儿，内阁成员在宫中集会。这些包罗万象的景观提醒我们，在蜂群般群居的人类社会中，每人所处的位置本是与自己从事的工作契合的。

　　我从码头上那些人那儿得到启示，想写一本书赞美现代工作场所体现的睿智特性，美好与丑陋的一切，尤其是它特别有能力供给我们的、与爱同在、使生活之意义得以永存的首要物质源泉。

1　Canaletto（1697—1768），18 世纪意大利风景画家。——译者

第二章
物流管理

一个物流中心

1

2个世纪以前，我们的祖先或许知道他们食用、拥有的几乎每一种东西的确切来历，这些东西的种类有限。他们也了解生产中不免会与之打交道的人和工具。他们熟悉猪、木匠、织工、织布机和挤牛奶的女工。从那时起，可供人们购买的商品种类或许已有极大增长，对于它们的来历，我们却几乎堕落到全然未知的地步。我们与货物的生产和销售在观念上脱节，却又总在日常生活中接触这些货物，这一异化过程使我们丧失无数可以表达惊愕、感恩、负罪情感的机会。

与观念的贫穷和实际生活的富足密切攸关的工作领域是物流管理学，此名称源于古希腊军队里的logistikos[1]，此人负责为部队提供食物和武器。如今这个词用来泛指货物的仓库贮存、盘存、包装及运。这个行业的丰功伟绩包括非洲与欧洲之间运输鲜花和蔬菜的所谓"凉爽走廊"水道，美国田纳西州孟菲斯的联邦快递中心，以及波纹纤维板的研制。

2

在英格兰中部，埃文河[2]西南几英里处，英王詹姆士一世在霍尔登比宅第的旧宫殿所在地耸立着 25 座气势恢宏的仓库，构成一幅幅工业化国家里常见的风景。这类仓库与环城公路和机场连接在一起，却很少向旁观者说明它们的用途，无声地抵御可能招致的好奇或反感。这些仓库组成欧洲最大、技术上最先进的物流园区之一。它们位于 M1、M6 和 A5 这 3 条运输动脉旁，80% 的英国人可在 4 小时内乘汽车到达这里。每周有很大一部分建筑材料、文具、食品、家具和计算机由这些仓库补给，主要在夜间。

尽管很重要，这些仓库却无意对公众表明它们的存在。它们散布在一块圈定的沃土上，有平缓的坡度，用来观赏的树木和绿得不自然的大片草地。建造者并不在意建筑物的观赏性、多样性，只要足够大便好。人们仰望大教堂般的天花板，看不见天使，却看到平淡无奇的跨度不很大、散发着荧光的条状钢梁。这屋顶引导旁观者再度将视线转移到那些对称的货架、忙碌作业的铲车上。我们听任这些物流中心以阴森的庞然大物的面貌出现，这表明我们尚不明白视觉效果具有多么大的力量。对于博物馆花费巨资收购与精装书籍一般大小的早期尼德兰宗教画的做法，我们予

---

1 希腊文，意为"军需官"。——译者

2 River Avon，英格兰中南部河流，全长 96 英里，流入塞文河。——译者

以认可，却看不到随随便便把大片可资利用的土地交给来自仲量联行[1]的人去安排是鲁莽的。这样做是因为我们莫名其妙地不愿承认，看到北安普敦郡的田野上横七竖八地分布着占地5平方公里的仓库，最终我们的情感会受到伤害。同理，看到一幅出自罗吉尔·范·德韦登[2]工作室的20厘米见方的圣母像时，我们会从她的慈祥目光中得到慰藉。

话说回来，仅仅将物流中心描绘得异常丑陋是愚蠢的，它亦具有现代世界众多工作场所均表现出的特征：令人惊恐，冷漠无情，却又展现出纯洁无瑕的美。

在这些仓库边缘地带的一面斜坡上，俯瞰6条车道的高速公路，有一家卡车司机经常光顾的餐车式饭店，司机们或刚卸下货，或正等着装货。凡是对家庭生活和夫妻关系感到失望的人，往往会认定在这个铺着瓷砖，明亮却又弥漫着炸薯条味儿和汽油味儿的自助餐厅里待着会更好受一些。这儿令他们心里踏实，人们出出进进，因而不存在会使某人的孤独凸显出来的亲密感或欢乐气氛。它使人想到：对于那些被家人遗弃的人而言，这正是一个吃圣诞午餐的理想地方。光顾这里的人可走过摆着丰盛自助菜肴的走道，选鱼排配深烤盘比萨饼或汉堡包加咖喱饭，不必为自己选的分量多少或对食物的古怪偏好表示歉意。他们只要悄悄在黄色

1　Jones Lange Lasalle，一家国际知名的物业服务公司。——译者
2　Rogier Van der Weyden（约1399—1464），尼德兰画派的著名画家，其最著名的作品是《耶稣下十字架》。——译者

塑料餐桌旁找到一个座位坐下便可，从那儿可以看到窗外红宝石色的汽车尾灯溪水似的流过。

　　总有人在这一段高速公路上施工，使车流减速，几乎停顿。穿过这一段路后，人们目送"斯堪尼亚"和"依维柯"卡车再度加速，在黑暗中缓缓驶向北方，车上载着大量通常被视为家用工业产品的巧克力条、早餐吃的麦片、瓶装水、床垫和人造黄油。这景色有几分像河水，给人带来安慰。车影幢幢，川流不息，可令一位思想僵滞、囿于成见的旁观者豁然开朗。滚滚向前，转瞬逝去的正是生活本身，它以种种最不引人注目、最野性、最自私的方式展示自身，并以十分冷漠的意志力驱动细菌和热带植物的蔓延。

3

　　到了夜间，物流中心目标专一的运转工作变得特别透明。这时明月已升起，仿佛从星际间的视角质询这高效的货物递送服务意义何在；从永恒的视角提出同一质询的则是一座14世纪建造的教堂的尖顶，它耸立在高速公路的另一侧，像一只漆黑的箭头，依稀可辨。

　　夜幕降临之际曾经是人类承认自己的体能有局限之时，他们会挤在一起，期望减轻对幽灵和女巫的恐惧。这个物流中心却完全不迁就人类的弱点，幽灵的世界或至高无上的自然规律。泛光灯替代退下场的太阳，使这个地方沐浴在夜幕下的一片橙色强光下，也就是机场和军事基地里常见的那种灯光。工人们在一个处于中心位置的待工地点走下公车，在 7 点钟以前打卡上班。

这儿开展的工作使我们大多数人都扮演被动的角色，不知不觉从中受益。我们躺在床上，不时翻翻身，嘴巴毫无戒备地大张着。就在此时，装载这天早上最大一批半脱脂牛奶的大队运货卡车即将启程去英格兰北部。在黑暗中观察物流中心的活动会令我们回忆起孩提时代的某些时刻——我们在午夜后醒来，听到卧室门外有脚步声以及其他声响，也许那是父母在卸下买来的陶器，或是重新摆放家具。我们由此得到劳作的概念，在白天，它在无形中使家里的秩序得到巩固。

4

一家连锁超市拥有物流中心里最大的仓库，它在夜间接到食品供应商发来的货，之后重新配货，发往遍布全国的分店。一家这样的大卖场通道两侧通常备有 20 000 种商品，其中 4 000 种是冷冻食品，每 3 天必须更换一次，其余 16 000 种商品则必须在 2 周内重新进货。从头到尾，这座建筑的一侧有 50 个卡车装卸位，每 3 分钟便有一辆车驶入或驶出。

在仓库里，工作人员在货架间忙碌，把货物摆在自动输送带上。输送带再把这些货物快速送往排列在卡车装卸区后面的一排排钢制货箱里，在那儿等待运往不引人注目、被编上号码的目的地。02093—30 是指一个建有一座大教堂的城镇，那儿有一座戏院和一个啤酒厂。在内战[1]期间，国会军曾在那儿驻扎，那儿还保存着乔治王朝[2]风格的几个布置得很精细的广场。许多居民没有注意到，每天早晨，有一部拖车翻越奔宁山[3]驶入广场，运来帕尔马干酪[4]、红果冻、炸鱼饼和小羊肉片。

英国人常吃的食物在这座仓库里的高高架起的传送带上急速运转，30 箱炸土豆片运往北弗列特，1 200 只鸡腿运往汉姆斯霍尔，60 箱柠檬运往埃尔西垂。从前，人类因饮食习惯区分为不同人种，几乎与不同宗教对人类的分离作用同等强烈，如吃稻米的人、吃小麦的人、吃土豆的人或吃玉米的人。如今，大家都随便拿些乱七八糟的东西来塞饱肚子。

时间是极其重要的因素。无论何时，仓库中总有一半货物 72 小时后便不能食用。这一因素使得人们必须不断地与霉菌和遥远的路途做斗争。一串串西红柿周末在巴勒莫附近的田野里便已成熟，现在仍未采摘。在星期四之前，它们必须在苏格兰北部边缘地区找到买主，以改变大自然似乎已分派给它们的、注定会腐烂的命运。

1　Civil War，即英国内战（1642—1651），是英国议会派与保皇派之间发生的一系列武装冲突及政治斗争。——译者
2　Georgian，从 1714 年到 1830 年，英国由乔治一世至四世统治。——译者
3　Pennine Hills，位于英国英格兰北部。——译者
4　parmesen cheese，一种用脱脂牛奶制成、有强烈气味的意大利硬干酪。——译者

在水果区，人们同样表现出盲目的急不可耐的心情。出于偶然，我们的祖先或许会在临近秋天时在一丛灌木下采摘到一把草莓，并且因此体验到欢乐。他们喜出望外，将这把樱桃视为造物主慷慨赐与的礼物。然而，一旦我们不再等待偶尔会从天上掉下来的礼物之时，一旦我们可以设法使一切令人愉悦的感觉立即产生、不断重复出现之时，我们便成为现代人。

如今是 12 月上旬，在仓库中间的一条通道上，若明若暗中贮放着 12 000 枚血红色的草莓。这些浆果昨天由加利福尼亚空运而来，在月色中飞越北极圈，在黑金两色交织出的空中划出一道氧化氮留下的痕迹。大卖场再也不会听任地球自转的轴耽误它的顾客享受口福之乐：草莓在隆冬季节由以色列运来，2 月里由摩洛哥运来，春天由西班牙运来，初夏时节由荷兰运来，8 月里由英格兰运来，9 月与圣诞节之间那段时节里则产自圣地亚哥市后面的果园。从草莓采摘下来那一刻，直到它们在草莓灰霉病的肆虐下腐烂，人们只有 96 小时回旋时间。为了屈从这些难以存放的软乎乎、圆滚滚的浆果，许许多多成年人被迫克服怠惰习性，在货棚中来回搬运盛放草莓的托盘，在隆隆行进的柴油机驱动卡车上随时等待卸货。

倘若货主不把安全问题看得那么要紧，仓库其实完全可以成为完美的旅游景点。其缘由是，在半夜里观察运货车和产品的运转能够培养别具一格的宁静心情，能够魔幻般地使人清心寡欲，纠正将自己看得过于高大的危险想法。每一个人都处于千百万人

包围之中，但这一事实始终只是一个干巴巴的，未引起多少联想的数据，无法把我们从以自我为中心的日常视角中解放出来。如今，瞧瞧那一大堆足足有 10 000 只的火腿芥末三明治吧，它们用无懈可击、棉花般洁白的面包做成，全部用一式的塑胶袋在赫尔港的一家工厂里封装，而且将要在未来两天内被各色人等吃掉。毋庸讳言，这些三明治会立即令我们想到我们的公民同道，在我们内心为他们留出了一些想象的空间。

巨大的谷仓表明，至少是在工业化世界里，经过几千年的努力，我们虽然费尽气力，却终于成为唯一一群不必焦虑不安地为下一顿饭犯愁的动物。因此我们有闲暇学习瑞典语，掌握微积分，为我们的人际关系是否真诚可信担忧，不必被迫优先考虑耗尽全部精力的觅食问题，而帝企鹅和阿拉伯羚羊仍在为此艰苦奋斗。

虽然我们拥有海水般充足的葡萄酒，堆成山似的面包，这个物质丰富的世界并未成为我们的祖先在中世纪饥馑肆虐的岁月里向往的、充满热情的乐土。最最聪明的人将他们用于工作的那一部分生命花费在简化或加速不合理的平庸机制上。工程师写论文探讨数据输入机的速度，顾问们费去毕生精力研究高层货架提升机和叉车操作人员的活动，以便更精打细算地经营。可以想见，星期六晚上在集镇上因喝酒引发的打斗本是因幽闭而产生的狂暴所致。这些冲突提醒我们，我们已为每日的顺从在审慎和秩序的祭坛上付出代价，为在守法和顺从的外表之下默默积累的怒气付出代价。

5

占据仓库东侧的是各种各样、无奇不有的海洋生物。放在英国乡村中部货架上的竟是澳大利亚冰鱼、墨西哥红岩虾、新西兰鳕鱼、厄瓜多尔的鬼头刀鱼以及哥斯达黎加的鲛鳒鱼。

端详一番这些生物的表情吧，它们有的高贵，有的笨拙，有的丑陋，有的聪明却又令人惧怕。望着它们我们便不再因循日常思维，会转而承认地球是人类与某些与众不同的高贵生物共同拥有的星球，而我们却以种种借口宣判它们生命的终结，而它们的罪过只是在于肉质鲜美，而且没有细小的刺。

这些鱼是怎样来到这里的？它们怎样死去？谁包装它们？更具想象力的问题是：画家再现一条鲭鱼的皮肤或工程师在审视红岩虾的螯时会有何种发现？这些问题反映出更大的失败，即我们不能欣赏这个生动世界上的趣事和随处可见的美。

我看到一个货架上摞着厚厚一层新鲜金枪鱼片。包装上赫然写着："在马尔代夫群岛用钓鱼线钓得。"这一表白竟然像墓碑上的墓志铭，简明扼要，匆匆而就。在远隔几大洲的海里捕到的鱼或许在几小时之后便被运到北安普敦郡的一个货仓里，这足以表明物流的创造力，实现这一奇迹的基础是技术的综合运用，严谨的管理制度以及法律、经济统一的标准。

几乎是在进行阴谋活动一般，根本没有人谈到这一引发我的好奇心，激发我的热情的成就是如何取得的。后来，我产生一种意愿，想盯住一条鱼的来路，不紧不慢地跟着它回到大海里去。当然，追踪其他商品亦无不可。我也可以追踪一卷钢板的来历——从一家巴伐利亚的汽车厂直至澳大利亚的沙漠里的灌木丛，或是一束棉线的产地——从墨西哥的一部织机直至尼罗河下游的灌溉田地。金枪鱼带来的教益已详尽展示出，它们不过是一般性质的，就如溯流而上去观察那些货箱被人遗忘的艰难旅程，以及见证货仓秘密运转一般，我们可以以此减轻使人失去活力、现代人独有的脱节感，即那一层隔膜，它处于我们在日常生活中毫不吝惜地消费、丢弃的东西与这些东西不为人知的来源之间。我们从而得以领略其中的深邃意义。

我决意在旅途中多多关注视觉影像，因为物流领域里最匮乏的正是这类体验式的细节。以下便是我附有照片的随笔，我唯一的目的是希冀改变读者的某些想法，哪怕只是一两秒钟也好。也许，下次看到一件以令人难以置信的速度，在黑暗中穿越半个地球悄悄运来的货物时，他便会改变想法。

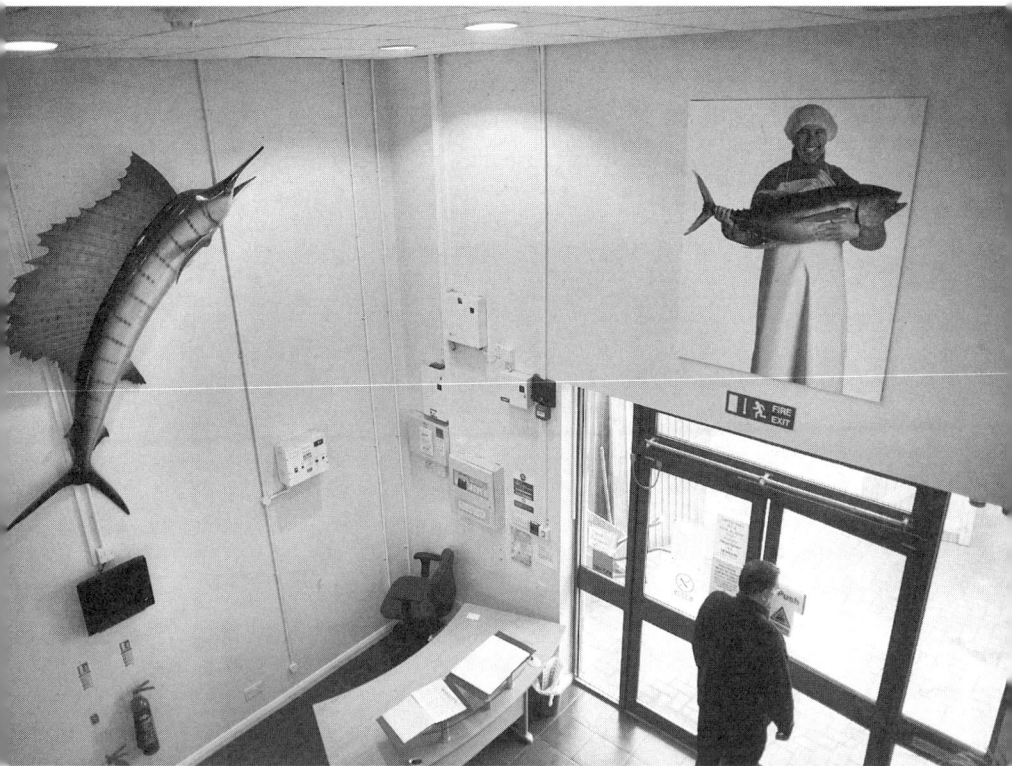

　　除非你有自取其辱的愿望，否则根本无法跟踪鱼的行踪。没有人愿意向作家们开口，这些人不会为他们带来钱财，却有可能惹出麻烦。即使是处于政治透明度已提高的时代，商业界仍旧对招徕别人来观察自己毫无兴趣。仅仅企图追踪暖水海洋鱼类何以来到我们的餐桌上便足以引起这个行业里某些人物的猜疑，更不用说亲眼看见或拍照啦。18 世纪 80 年代打听奴隶贸易业内情况的人士一定也曾遇到过这类猜疑。我接触过 15 家海产食品进口商行，其中 3 家在大厅里陈列着与这一张照片上相同的马林鱼雕塑，不过人们全都拒绝详谈自己的物流网络。

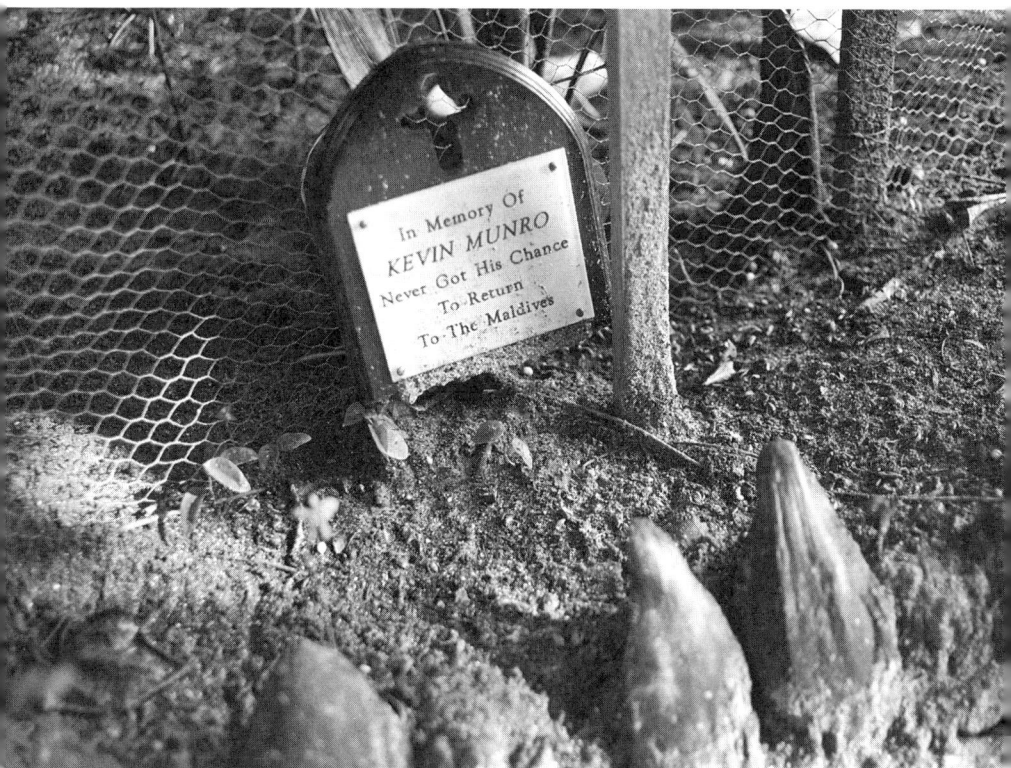

In Memory Of
KEVIN MUNRO
Never Got His Chance
To Return
To The Maldives

　　看来没有别的选择，我们只得前往印度洋，希望能在那里找到线索。在马尔代夫首都马累，我和摄影师住进"放松"旅馆，但是我们却无法服从它的命令，放松下来。起初 5 天我们一无所获，走入死胡同。为了消磨一无所获的两次会面之间的闲暇，我们在城市里闲荡，参观表现爱国主义情怀的纪念碑和清真寺。在"海鸥"咖啡馆后面，我们发现一小片埋葬着已故度假者的墓地，他们大都来自挪威、德国和英格兰。他们在此地为人缅怀，这并非因为故国不再欢迎他们，而是他们的亲人想让他们在这片比冰天雪地、浓雾弥漫的故国更明媚宜人的土地上安享来世。安葬在这块墓地上的并不仅限于那些设法在此故去的人，也包括热切希望在此死去，最终由于某些意外却在别的地方了结的众多人士。或许，他们是被隆冬季节侵袭阴雨连绵的欧洲平原的某种病毒夺去了生命。

　　与一位交游甚广的美发师谈过话后，我们终于时来运转。我们约好与一位大人物见面，此人正是渔业部长阿卜杜拉·纳赛尔，他刚刚结束对联合国的公务出访归来。足蹬一双鳄鱼皮鞋，部长严肃庄重地接见我们。他很清楚自己大权在握，不仅掌握鱼类的性命，手里也捏着捕鱼人的性命。耐心听我们说明来意，他对隔壁房间里的下属大声吩咐几句，然后便主动将我们两人介绍给一位金枪鱼出口商以及北方岛屿上的一群渔民。临别时，他给我们一叠他的商业名片。待我们参观他的戒备森严的海岛领地时，倘若有人想找麻烦，他准许我们亮出这些名片。我不知该如何表达感激之情，只好提议待他下次来伦敦时请他喝茶。

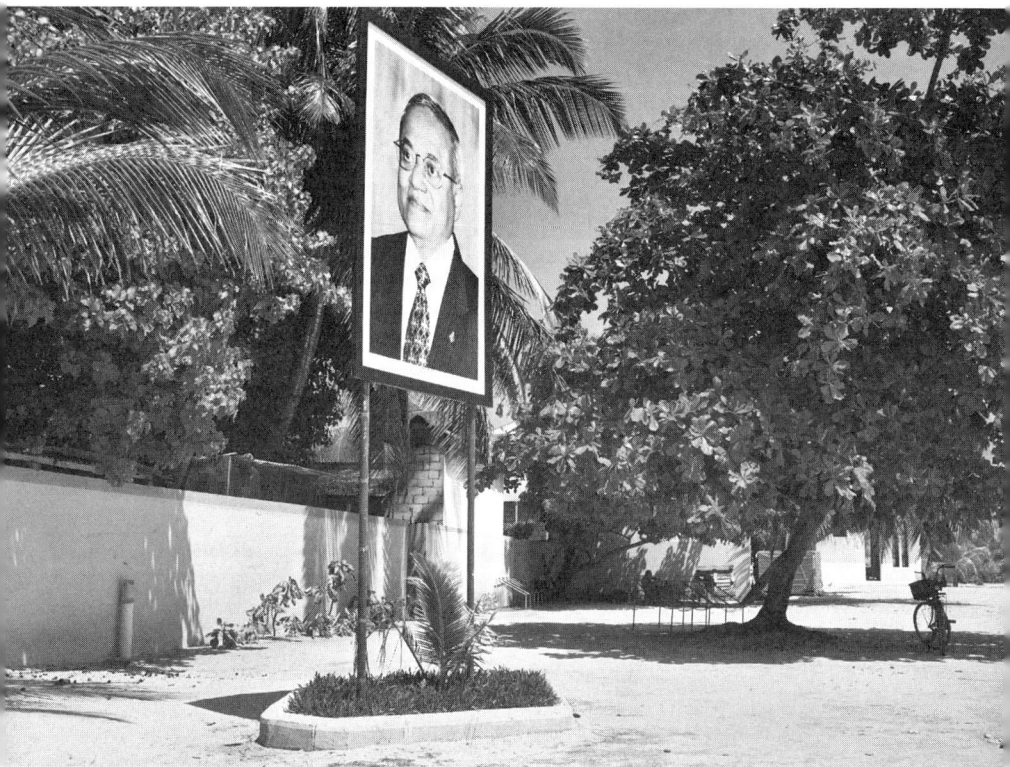

　　我们来到一个几乎呈完美圆形的珊瑚岛上，它的长度有 1 公里，处于马尔代夫最北部环礁岛链上的第二圈。在空中，人们容易误以为此处是一个旅游胜地，走近才看出岛上没有旅游胜地必不可少的水上别墅、温泉，也没有来自德国巴登-符腾堡州，重温结婚时山盟海誓的一对对夫妇。这儿只有仅能避风遮雨的棚屋，用建造轻型建筑的砖块搭起，还有联合国儿童基金会捐赠的备用贮水箱，飞虫，沙特阿拉伯一座清真寺资助建立的一所仅有两间屋的学校，以及一个孤零零的商店。我们刚抵达那里便得到消息，由于发动机发生故障，我们想要拜访的渔民们被困在海上。于是我们在一间酷热的锡顶棚屋里熬过漫长得不可思议的 3 天，等他们返来。小屋里只有两张行军床和一个简陋的浴室，我们在此冥思苦想甲虫们如何过日子以及小岛上的悲伤生活。在阴凉处，气温尚高达摄氏 35 度。我们蹲坐在最大一块荒地上的树底下，马尔代夫总统穆蒙·阿卜杜勒·加尧姆在一旁监视着我们。此人是诗人，伊斯兰教信徒。根据法律规定，他的肖像耸立在这个国家 200 多个有人居住的岛上，就像是一排排的哨兵站岗似的。他的容貌酷肖我那已故的父亲。

　　到了吃饭时间，当地人回到家中炒一盘有鱼、椰肉和葱头的大杂烩。我们没有必需的烹饪用具，只好完全依赖当地商店存货，店主也因此成为我们唯一的朋友。毕竟，在小社区里不易找到志趣相投的人。我们早饭吃巧克力饼干，中饭吃西红柿罐头和蛋黄酱，晚饭吃甜玉米。

　　发动机终于修好，于是我们便出海去。渔船的船长是易卜拉欣·拉什易德，33岁，5个孩子的父亲。若要养家糊口，他必须在未来24小时内捕获并用大棒打死至少15条成年金枪鱼。对于马尔代夫人，刷牙只是最近才开始做的事情。但是，正像高露洁棕榄公司经理们所期望的，岛民已养成刷牙习惯。这至少得部分归功于一部电视广告片，片子里那条鲨鱼露出一口闪闪发亮的洁白牙齿。牙膏就摆在渔船的小厨房兼盥洗室的架子上。早饭时辰，我们在主舱里同船员们一起用餐，吃到许多天以来第一顿刚煮出的饭，是章鱼须，饭后他们还请我们嚼槟榔叶。

　　吃过早饭后，几个船员玩了几把扑克。在我们船下的水里，金枪鱼们尚可在这个世界上再活几个小时。各位读者不应根据这一张照片断定作者缺乏同情心或不够温柔敦厚，或认为他不能加入一群目不识丁的印度洋水手中，用某种难懂的印度-梵语系语言与他们谈古论今。有时人们不免会这样揣度知识分子，其实他只是处于一种心事重重的状态之中，必须眺望远方，高度集中注意力，尤其是当他努力克制自己，不致使肠炎失控时更是如此。

　　我们在海上漂泊了好几个小时，一无所获。上午 11 点刚过，也就是英格兰中部地区仓库里的破晓时分，一群黄鳍金枪鱼从东面游过来，排成 V 形队列。年龄较大、较自信的鱼在外圈，年龄较小的在内圈。它们以每小时 50 公里的速度从印度尼西亚海岸向索马里迁徙。金枪鱼身上没有鳔，所以这些被人诅咒的生物只能持续向前游去。它们无法像石斑鱼那样停下来在水流中歇息，那会使它们沉入大洋底，死在那里。它们不停地运动，在人类眼中变得愈发诱人。它们终生都在摆动尾巴，因此肉质坚韧，滋味独特。这时甲板上有人大叫一声。鱼群中有一条鱼咬了一口当作鱼饵的鲭鱼，所有迹象表明这是一条沉重、年龄较大的鱼，是一个已自由自在地在海里邀游过 5 年的老手。15 分钟后，它又在右舷露面了。既惊慌，又愤怒，它用尾巴撞击我们的渔船。它足足有 50 公斤重，企图挣脱那根撕裂它的腭的钢索，却未能料到船上有两个人，一边一个，将钢钩伸进海水里钩住它，把它扔在甲板上。他们发出胜利的大叫，接着便是一片喧闹。

　　这是这条金枪鱼第一次远离海水，它也从来不曾看到过如此明媚的天空。出于本能，它明白自己已吸入很多空气，会死的。渔民们不想让它在惊恐中血液流动太快，那会使它的肉变黑，放在盘子里端上餐桌时样子便不会很好看。于是，船长的弟弟敏捷地用穿胶靴的两只脚夹住它，举起一根大木棍狠狠打下去。那棍子像史前人类用过的粗陋木棒，是用一根椰子树干削成的。鱼的双眼从眼眶中凸出，它的尾巴在抽搐。像人类一样，它的嘴巴一张一合地翕动，只是不能发出尖叫声。大木棍又打下去。传来一记沉闷的声响，那是充满脑浆、密封的脑颅破碎的声响，使人联想到我们人类缜密的思想、丰富的人生经历在这一击之下势必也在顷刻间化为乌有。那位渔民自己反倒勃然大怒起来，他恶狠狠地打这条鱼，嘴里还用迪维希语狠狠咒骂这奄奄一息的畜生："那钩巴尔哈，那钩巴尔哈，嗨阿茹瓦拉南！"（"婊子，婊子，这下子你可该完蛋啦！"）这是他8天以来捕获的第一条金枪鱼，他家里有6个嗷嗷待哺的孩子。

　　殷红的鲜血从这条鱼的脑袋里喷泻而出，洒得船上四处皆是。两个更年轻一些的船员冲上前来豁开它的嘴，掏出它的鳃和其他呼吸器官。接着他们用刀子割开它的胃，取出胃里尚未消化的小鱼，如燧鱼、细条天竺鲷鱼和西鲱鱼。在赴死的当天早上，它拿这些小鱼当作早餐。一时间，甲板上被鱼肚子里掏出来的东西弄得很滑。狂暴的杀戮在继续，这时我发觉自己不由自主地想到我4岁的大儿子，身高同大一点的鱼差不多。现在可以确信，正如许多宗教认定的，从飞蛾到总统，我们最终都属于那无可救药、自相残杀的一族。掏空肚子、割去生殖器官之后，那条鱼先被人吊在空中，随即放入4个冷藏仓中的第一个。到夜幕降临之时，那里还将会塞进它的20条同伴的躯体。人们会设想60米深的水下，在侥幸逃生继续向索马里游去的鱼群那里是何种情形，不知它们在极度恐惧的漆黑海水里是否会忆起失踪的伙伴。

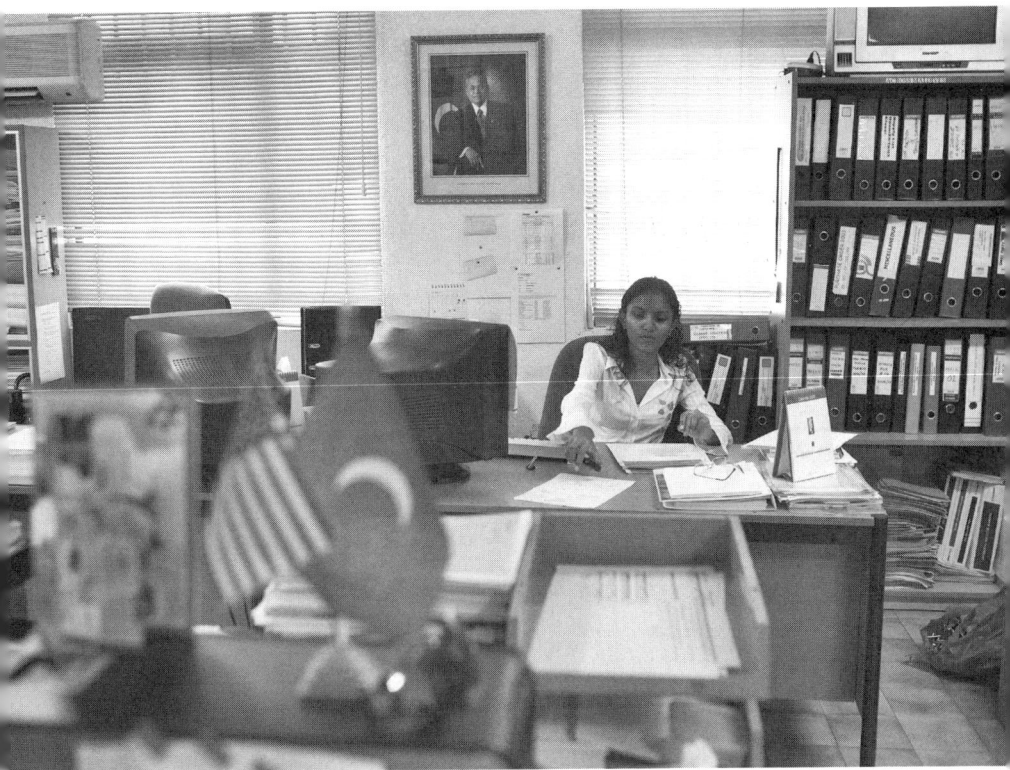

  我们来到鱼产品加工厂，它与英国进口商以及超市有密切联系。在我这个观察者看来，官僚机构的真实面目在发展中国家中暴露得最为明显。只有在这类地方，官僚机构仍会用一整套文件、卷宗、贴面写字台和柜子表明自己的存在，这些摆设反映出生产与案头工作之间的关系被完全颠倒，虽然从高更[1]到爱德华·萨义德[2]都曾援引先前的事例告诫我们情况并非如此……我无法不去憧憬下次与萨尔玛·马哈尔再见面时的情景，一幕幕场景在我面前飞速显现。她是厂主的秘书。她对我的国家有一些错误的概念，而我对她的国家亦是如此。与此同时，我的马尔代夫父亲则始终在墙上凝视着我们。

---

  1 Gauguin（1848—1903），法国后期印象派画家。——译者

  2 Edward Said（1935—2003），美国著名文学理论家与批评家，提出东方主义观念，后成为后殖民主义的理论依据。——译者

　　金枪鱼工厂的老板终于露面了，他倒是一个我不曾意料到的人物。亚西尔·瓦希德的性格中既有 19 世纪末法国诗人沉着的浪漫，又有当代英美商人食肉动物般的攻击性。他最喜欢的书是比尔·赞克和唐纳德·特朗普合著的《创：商务与生活中的大思考与小作为》。他刚刚在迪拜参加过电子产品研讨会，在那里为自己的"苹果影院"配置了一只蓝牙无线鼠标。

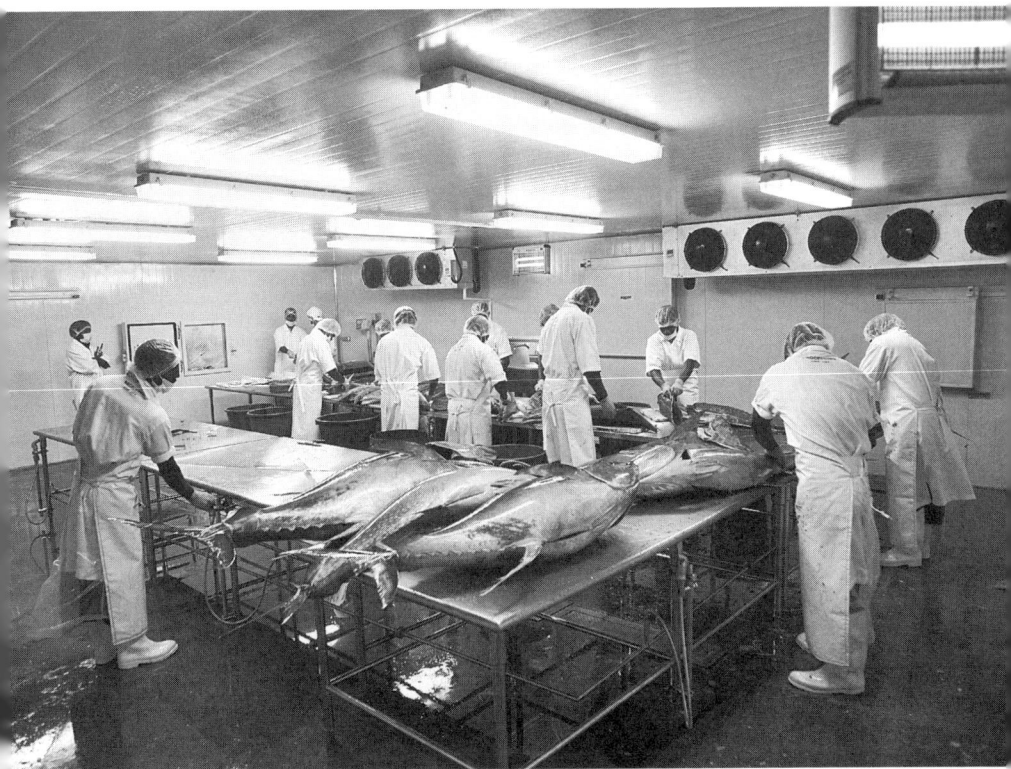

　　工厂里加工金枪鱼的工人能够在3分钟内用弯刀剔去鱼骨，他们从前都是渔民。刀子从鱼脊骨上割下肉来的声音令人联想到用指甲在梳子齿上来回摩擦时发出的响声。他们现在全是鳏夫。当年，海啸曾席卷斯里兰卡东海岸，冲走了他们的家园。当时他们出海在外，才幸免于难。看到他们听到噩耗后伤心落泪的情形，亚西尔动了恻隐之心。在处理准备出口的鱼肉时，出于明确的卫生理由，厂方要求工人戴上医生施行外科手术时使用的面罩，覆盖面部的毛发。室内温度必须始终保持在摄氏零度以下。穿过一次以后，所有围裙和工作服必须焚毁。不过这些做法却也反映出西方人根深蒂固的观念，正是由于我们以无与伦比的大师身份发明了可怕的人工消毒技术，倡导不断地洗手，我们从此让自己无休止地沉湎于保持清洁卫生的幻想之中。

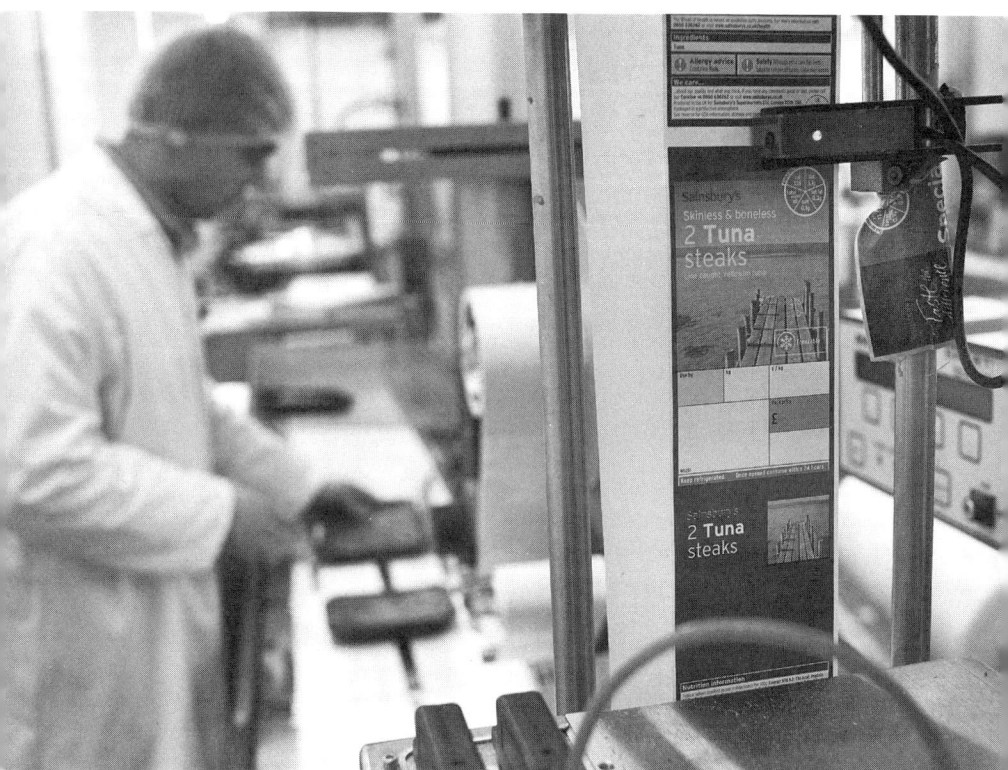

　　正像他乡遇故知一般，我蹒跚走过一张张熟悉的鲜橘红色标签，在寓所附近的超市里我早就见过它们。我感到惊奇，甚至有些感动。渔民用大棒打死金枪鱼的情形像烈火般灼入我的记忆，我意识到自己是经历过那些浸透着鲜血的杀戮过程的老手，杀戮就隐身于印在标签上的那张钓鱼码头和蔚蓝色海洋照片之后。

　　如今人们拥有许多穿越天空和海洋的便捷方式，而飞机的构造使人联想到金枪鱼的体形。"空中客车"的轮子附近有鱼鳃似的进气口，机身周围有鱼鳍似的鳍状稳定板，机腹和金枪鱼肚皮的颜色也相近，呈灰白色。一只货箱置于公务舱第3排与第9排座位下方，另一只在经济舱第43排与第48排座位下面。在飞往伦敦的斯里兰卡喷气机旁的停机坪上，停放着一架卡塔尔航空公司的货机，窗子上涂着油漆。它飞遍世界，运送邮件、蔬菜、文件和血样。这架飞机昨晚在东京，预计明天会飞往米兰的马尔彭萨机场。它只是从未在进出港屏幕上显现，孤独地飞遍全球的成千上万的货机中的一架。

　　我们早上 8∶30 分起飞，朝西北方向飞越印度洋。窗外，在未经训练的肉眼看来，飞机在虚无缥缈、蒸汽似的蓝色大块物质上漂流，像海洋一样呆板，令人失去方向感。不过，凭借重新改装过的飞机驾驶舱里的天线，天空显得像清晰可辨的航线画出的格子、十字路口、路旁停车带、公路汇合处和灯塔标志。飞机沿着 A418 航线飞去，从波斯湾延伸到伊朗南部。在设拉子上空，也即飞行员们称为 SYZ117.8 交叉点的空中，机长转向 R659 航线。这条航线通往 UMH113.5，位于西阿塞拜疆省府乌罗米耶上空 35 000 英尺之处。据说，当年东方三贤士前往伯利恒朝拜圣婴耶稣时曾在此歇息。

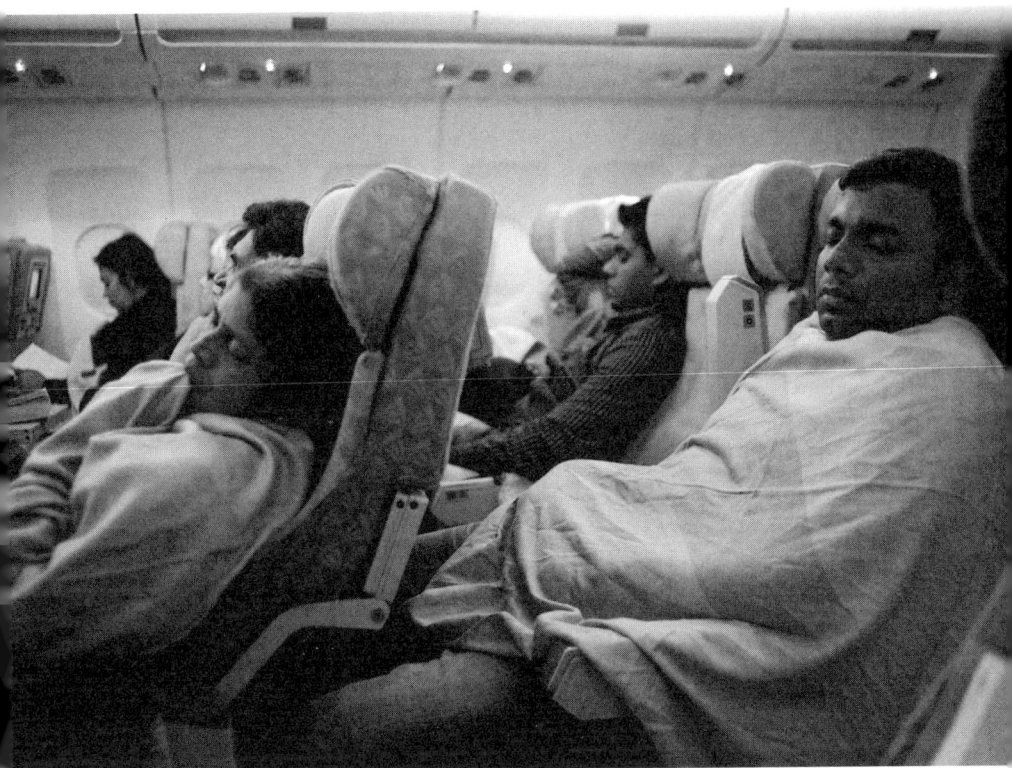

　　机组人员为经济舱乘客送上红咖喱鸡，公务舱乘客则可以选笋尖肉馅饼或奶酪煎蛋。天色渐渐黑下来。人们偶尔会看到地面上一所房子熄灯的那一瞬间。在罗马尼亚的克拉约瓦，某人在客厅里刚看完电视。在匈牙利的考洛乔，某人读完了时尚杂志《妇女》上的一篇文章。他们都不曾察觉到有一架铝制的飞机正呼啸着掠过他们头顶的苍穹。我瞧瞧其他乘客的脸，同情心油然而生。这些人盖着合成纤维毯子，在微微颤动。倘若人类仍然生活在乘坐远洋客轮出行的年代里，待抵达南安普敦港之时，我们可能全都会成为好朋友的。

　　黄昏时分，飞机降落在希思罗机场。凌晨2点，金枪鱼肉及时抵达仓库，却无人知晓身着几乎透明工作服的人从海水中捕鱼时的一番忙乱，飞机在空中的遨游。前来上班时，仓库的货车司机永远说不清待到破晓时分自己会身处何方。清晨4点，伊恩·库克接到控制室的指令，要他驾驶一部大拖车去布里斯托尔[1]。15年来，这位司机一直在为超市送货。他拿一只红色袋子装着随身物品，过着一种不规律的生活，他的妻子住在兰开夏郡，朋友则住在德比。在路上，他不停地讲话，内容涉及杀人犯、宗教狂人、逃税者和猥亵儿童的人。他在自言自语，虽然不善于表达，这些话题却有力地反映出当代文明的衰落以及必然到来的崩溃。早晨，货车抵达布里斯托尔郊外一个铝制货仓后面，金枪鱼肉被摆上货架。此时，从渔民在印度洋漆黑的海水中捞出鱼的那一刻算起，52个小时已经过去。

　　1　Bristol，英格兰西南部港口。——译者

　　我和摄影师蹲在冷冻柜后面等候。经历过马尔代夫的炎热以后，我们觉得这儿很冷。顾客从容走过，不时心不在焉地瞟一眼切成条状的金枪鱼肉。为了消磨时光，我回想起旅途中遇到的那些人。我想起阿伊莎·阿兹达，她的工作是提供金枪鱼肉的包装材料。她从泰国一个制造商那里定购塑胶盘。一天下午，我们在她那个仅有一间屋子的公司里给她拍照，隔壁便是鱼肉加工厂。墙上挂着她的结婚照，照片上的人是穆罕默德·阿米尔，一个负责维护丹麦斯坎威戈特公司出产的鱼肉切片机的修理工。我们这张照片关注的焦点似乎是那只熨斗，而本篇文字想要描述的则是人们相互依赖，却又不关心对方生活的现状。或许，在物流配送高度发达的年代里，艺术的使命之一便是确保把阿伊莎介绍给琳达·德拉蒙德，因为最后在摆放鱼肉的台子前停下，捡起一些金枪鱼排，用它们做晚饭的正是琳达。我和摄影师站起来说明来意，告诉她我们的旅程，解释马克思在他的《1844年经济学哲学手稿》中演绎的异化理论，问她我们能否跟她回家去。于是琳达给丈夫打电话，再征求他的意见。

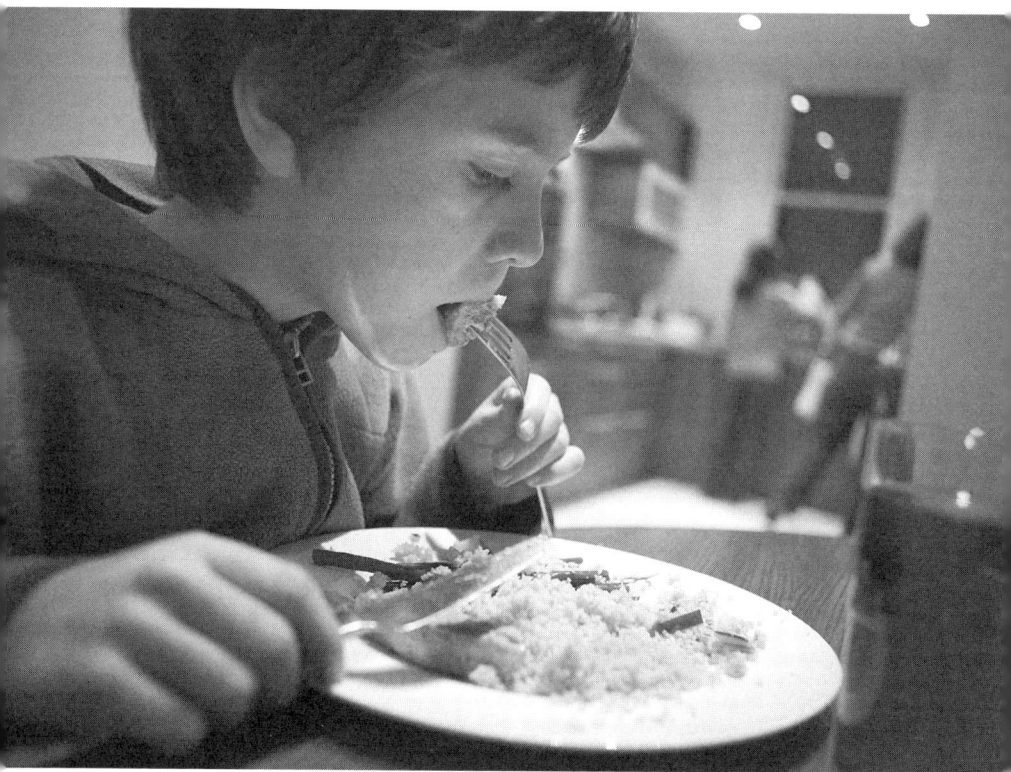

　　当天下午，琳达的儿子，8岁的萨姆看到厨房里多了两个陌生人时并没有不自在的感觉。他讨厌金枪鱼，不过那总比鲑鱼好一些。他并未忘记物流配送的奇迹，也知道很多关于运货汽车和飞机的事儿。他还对世界上的几大洋了如指掌，给我们上了一课，说印度洋不是鱼类的理想栖息地，因为那里特别暖和、宁静。他发表意见说，冰冷的北海能够养活更多生物，比别处多得多，因为那儿的风暴不断掀起处于海浪下 1 000 米富有营养的深海积淀层，吞噬鳗、琵琶鱼、吸血鬼乌贼就生活在其中。他还附带提出一个建议，那也是海洋生物学家们较少提及的，即人们对鱼类无休止的杀戮会使海里布满一片苍白的海洋幽灵，它们总有一天会联合起来对人类进行可怕的报复，因为人类缩短了它们的生命，而且把它们的死尸绕过半个世界，运到布里斯托尔来做晚餐。

第三章
饼干生产

1

我对饼干发生了兴趣，于是经过一些破烂不堪的商店和用绳子拦起来的拆房工地，前往伦敦以西的海斯镇。联合饼干公司的总部就设在这里，它是英国饼干市场上的头号选手和第二大袋装坚果生产商。

我花费不少心思才与联合饼干公司的设计主任约定见面，此人叫劳伦斯（他不断强调"劳伦斯"的拼法是 Laurence，而不是 Lawrence）。我为这次会面做了准备，读了许多关于饼干的专业文献，了解到一些有趣的信息。我发现英国人每年花费 18 亿英镑买饼干，从技术上看，英国的饼干市场上有五个品种，即"每日饼干""日尝甜品""季节饼干""风味饼干"和"薄脆饼干"。

尽管名称不够响亮，"每日饼干"占据全部饼干销售额的 1/3，包括消化饼、茶饼、姜汁饼干和燕麦饼。单是消化饼一项，每年可以售出价值 3 400 万英镑的货。食用时，人们往往把它在茶水里蘸一下，以增加水分。"日尝甜品"是介于普通饼干与高级饼干之间的中档货，35—45 岁的妇女在星期四和星期五尤其会买它，她们惠顾的品牌包括雅法橙饼、吉百利甜饼和福克斯巧克力饼。"季节饼干"则只在 10 月初和 12 月底之间上市，装在华丽的饼干盒里，是由脱脂脆饼、松饼、酥油饼干和巧克力曲奇组成的套装。

人们常常混淆"薄脆饼干"与"风味饼干"，使这两家产品的专家甚为恼怒。我们可以澄清，"薄脆饼干"是无糖饼干，适合不宜摄入糖分的人士，与奶酪一起吃，或涂上果酱一类的东西食用。吃"风味饼干"时无须添入佐料，比标准的薄脆饼干更受欢迎，这得归功于加入其中的奶酪味儿或烧烤味儿。近年来，人们留意推出小巧玲珑的风味饼干，如奶油干酪香葱小饼干、切达干酪小烘饼和休闲小烤饼。

2

令人惊奇的是，海斯镇本身是一个全无魅力的地方。有几家餐馆，一座保龄球馆，却没有影院。这是此地的缺陷。我在此考察期间遇到的一个年轻女人对我说，她只愿意与住在邻近希灵登镇的人约会。我曾乘车粗略地游览过那里，却并不认为它比海斯镇更宜于情人幽会。

饼干公司的 3 层浅褐色砖楼建在一个商业广场上，5 年前已归两家私人股权投资公司所有。其中"黑石集团"[1]的老总是一位著名的金融家，因曾买下曼哈顿历史上最昂贵的双层公寓而闻名。这家饼干公司最受欢迎的牌子有"麦克维铁，来吧""小树枝""呼啦圈"和"麦科伊和卡皮果仁"。它还生产著名的虾味小点心"蹦蹦跳"，很有特色，一遇到唾液便会起泡沫。大厅里陈列的一本小册子说，联合饼干公司认真履行自己的社会职责，已通过自己的雅法橙饼分厂向赖斯利普镇的一个由 7 岁儿童组成的足球队捐赠一批印有队徽的运动衫。

劳伦斯在电梯口与我见面，旁边是巨大的袋装炸薯片广告。他情绪不稳定，忽而充满信心、忽而显得很脆弱。他可以滔滔不绝就专业话题发表长篇大论，然后突然停下，盯着客人的眼睛仔细瞧，看他是否流露出厌烦或嘲弄的神色。他很聪明，并不完全相信自己说的全是至理名言。或许，他前世曾是宫廷中一位特别精明、伶牙俐齿的皇家顾问。有人也许会以为，既然我俩都过早地谢顶，我们或许会因此成为好朋友，但是这一共有的未老先衰迹象无助于分清我俩谁是谁。

劳伦斯带我来到一间会议室里，一张桌子上散放着一盒盒"温馨此刻"。这是一种 6 厘米宽的巧克力水果酥饼，是 2006 年春天一个庆祝在比利时建厂的仪式上推出的，当时劳伦斯用法语发

1　Blackstone Group，黑石集团是全球最大的私募股权基金公司之一，管理的资产达 800 亿美元，办公地点分布在纽约、巴黎、伦敦、中国香港等地。——译者

表演说，接下来他们执行了长达两年，斥资 300 万英镑的推广计划。劳伦斯是这种饼干的研发者。

<h1 style="text-align:center">3</h1>

这并不是说劳伦斯懂得如何烘焙饼干。我对他不会制作饼干表示惊讶，他很快便开始为自己辩解。他正告我，如今制作饼干是心理学的一个分支，却并非烹饪术的一个组成部分。

劳伦斯在斯劳[1]的一家旅馆里组织过一场访谈，遂即设计出他的产品。在长达 1 个多星期的时间里，劳伦斯询问被访谈者的生活，试图在闲聊中诱导他们说出自己在情感方面有何渴求，再据此制定隐身于一个新产品之后的设计原则。在泰晤士河畔利维拉酒店的一间会议室里，一群低收入母亲倾诉着她们渴望得到情感上的支持、关爱，以及劳伦斯用简洁的格言式语言称之为"我的时光"的东西。"温馨此刻"暗示，它或许能为这些母亲排忧解难。

也许用面团满足心理需求的想法是匪夷所思的。但是劳伦斯解释说，在一位有经验的商标专家手里，饼干的宽度、形状、外观、包装和命名能够赋予它一种个性，微妙却又恰如其分，正如一部了不起的小说，其中主人公的名字是此或彼往往会产生细微差别。

劳伦斯从一开始便认识到，他的饼干必须是圆形的而不是正

1　Slough，伦敦以西的一个城镇。——译者

方形的，因为在几乎所有文化中，圆形与女性温柔气质以及完美之间均存在诸多联想。同等重要的是，饼干中必须有小粒葡萄干和完整的细条巧克力，以传达出于好意的放纵印象，但是不应加入奶油，虽然奶油并不会令人产生十分颓废的感觉。

劳伦斯与同事花费半年多的时间研究包装产品中一些令人左右为难的问题，最后决定将9块饼干装入一个黑色塑料小托盘，再把这个托盘放进一个光洁的24厘米长的纸盒里。接着，劳伦斯发起一场讨论，研究为这些饼干起一个什么名称。大家仔细考虑了诸种方案，如"遥想""开心""乐乐"，以及直接指涉创立这一品牌构想的"我的时光"。后来，我们不妨说确有灵感在劳伦斯脑中闪过，使他最终想到现在使用的这个商标。

接下来该研究采用什么字体的问题。设计者最初的方案是把"温馨此刻"这个词儿以浪漫的爱德华式信笺签名体横写在盒子上，有些管理层人士担心这会使人对产品的设计初衷发生误解，认为它只是逃避现实生活的一种途径，而并非是一种使生活变得更加美好的食品。这个问题在最后一分钟得到解决：人们把"Moments"一词中的字母 m 和 s 变为更竖直的字体，使它符合小点心的功用，既尊重生活中的现实，同时也帮助人们暂时从中解脱出来。

4

我们当中有许多人都知道花费一个下午去烘焙饼干是怎么一

　　回事，因此看到居然有一家公司用 5 000 名全职雇员去做这件事情，不免会大吃一惊。

　　本是一个人独立作业便可在自己厨房里完成的工作（预备烤炉、和面、书写标签），在联合饼干公司被分割，形成固定流程，由所有工作人员分担。虽然公司人手的多寡均根据糖果和咸味小吃的销售额制定，用他们的专业术语来说，那就是占很大比例的职工已经离开食品生产第一线。他们在仓库里管理叉车，或研究印在一包标准盐味干果两侧的那 80 来个词儿是否得体。有些人学会了专门技能，会搜集并分析超市的销售记录，还有人每天都从事研究，探讨运输薄脆饼时如何尽量减少摩擦。

　　于是，随着分工专业化，许多神秘的工作岗位应运而生，诸如包装技术员、商标主管、学习中心经理、战略目标评估师等。职业分工向纵深化、细致化发展。员工从"呼啦圈"起步，在"皱边玉米饼"得到升迁，平调到"切达干酪小烘饼"，在"麦克维铁果饼"成为经理，最后在"姜汁饼干"完美谢幕。

　　对劳动力持续不断的分工使生产力水平不断提高。这家公司的成功证实，意大利经济学家维尔弗雷多·帕累托[1]在 20 世纪初

1　Vilfredo Pareto（1848—1923），意大利经济学家和社会学家，曾提出"关键的少数和次要的多数"的理论，即"帕累托原理"，认为社会财富的 80% 掌握在 20% 的人手中，而余下的 80% 的人只占有 20% 的财富。"帕累托最优"是博弈论中的重要概念，并且广泛应用于经济学、工程学和社会科学中。——译者

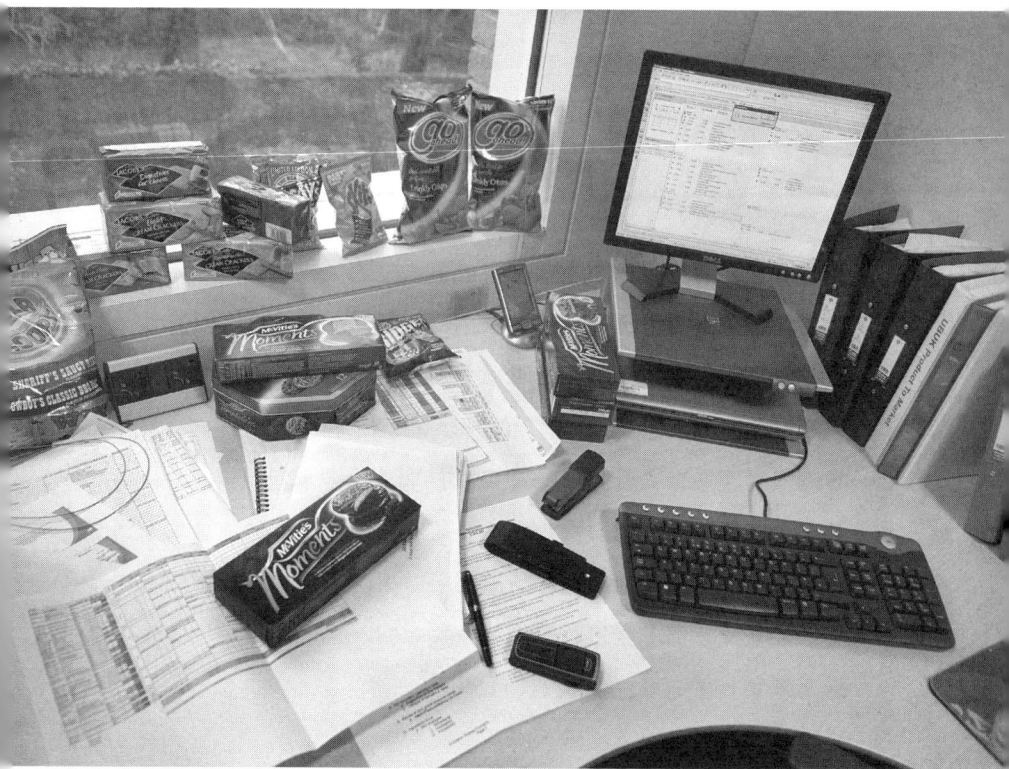

制定的效率原则似乎是正确的。帕累托的理论指出，一个社会的富有必须以其成员放弃常识，转而去培养在狭窄的领域里的个人能力为代价。完美的帕累托经济学认为，可以将职位做更细的划分，以便员工熟悉复杂技能，并相互交流。医生不必浪费时间学会如何修理锅炉，火车司机也不必为他们的孩子缝制衣服，这符合每个人的最大利益。同理，饼干包装技术员可以把产品的仓库贮存问题交给专攻供应链管理的研究生去操心，这样他便可集中精力研究如何改善包装工艺。在一个理想社会中，所有的职位都会高度专业化，其结果是谁也无法再弄明白别人在做什么。

在与部分职工的许多次令我困惑的谈话中，我渐渐意识到，如今在联合饼干公司，帕累托的乌托邦已成为真实的场景。然而，不论将一下午的工作当作长达40年的职业生涯来仔细分割会带来多大的经济效益，人们仍有理由怀疑这样做会带来某种意想不到的副作用。尤其是在天色昏暗的日子里，向东飘去的浮云低垂在海斯镇公司总部上空之时，人们不禁会问，这里的芸芸众生能在多大程度上感受到生活的终极意义。

5

人们何时会觉得某种工作是有意义的？无论何时，只要它能使我们开心或减轻别人的痛苦便有意义。虽然我们常常受到教诲，要我们认识到自己是天生自私自利的，渴望在工作中做有意义的

事情似乎也是我们与生俱来的执拗特质，与我们对发财致富、获得高位的欲求并行不悖。这是因为我们是关注意义的动物，不仅仅致力于物质追求。因此我们可以顺理成章地考虑放弃安全的生活，而从事将饮用水送到马拉维的乡村去的工作，或者是辞去生产消费品的工作，去护理心脏病人，我们明白，谈到改善人类的生活状态，一部操作得当，供心脏病人使用的除纤颤器可比一包最精美的饼干强多了。

不过我们应当小心谨慎，不致将有意义的工作之概念定得过死，仅仅限于医生、加尔各答的修女或是旧时的宗教领袖们所从事的工作，还有一些不那么崇高，却可为增进全人类福祉做出贡献的途径。巧克力圈在从9点到午间的漫长上午能够填补迫不及待想得到食物的胃，故生产一只形状优美的条纹巧克力圈似乎理应在发明的神殿里得到一个牢固的，哪怕是微不足道的位置，这类发明旨在减轻人生的痛苦。

其实，问题的真正焦点不在于烘焙饼干是否有意义，而是这类不断延伸，将5 000人的生命细分到6个不同的加工地点的活动在多大程度上显得有意义。只有当它在数目有限的人手中快速传递之时，一种被赋予意义的努力才显得有意义，因此，某些工人能够在想象中将自己在工作日里创造的业绩与对别人施加的影响联系起来。

区域销售经理或住房售后服务工程师之类的角色极少出现在儿童读物中，这是一个极有意义的现象。那些成人通常只是店主、建筑师、厨师或农民，这些人的工作可以很容易地与人们生活的

明显改善联系起来。正像动物天生对平衡与协调有感觉一样，我们不由自主地觉察到某些职位的名目甚为古怪，如"甜饼干商标管理协调员"。无论维尔弗雷多·帕累托的论证基于何种逻辑和判断力，另一尚无人为它冠以有说服力的名称的原则却被忽略，更微妙的人类律法遭到亵渎。

6

种种因素混杂在一起，因为不论联合饼干公司的目标是多么合理，生产"温馨此刻"以及同类产品的手段无疑需要热忱和自律，其程度并不逊于管理一所医院或成为芭蕾舞女所需要的热忱和自律。于是出现一个动机问题，即公司是否能够给自己的员工灌输一整套高超的理念，驱使他们在这些理念的感召下为公司竭尽犬马之劳，奉献自己一生中最好的年华。

对于这些员工而言，联合饼干公司的工作氛围还是有点儿严肃的，犹如机场指挥塔工作时的气氛。这是因为，即使人们对饼干的味道有争议，它的营养价值也是微不足道的，但是它却能够带来丰厚利润，盈利远远超出历史上最伟大的君主的国库收入。参照研究都铎王朝[1]的现代史学家杰弗里·埃尔顿爵士[2]的一些图

1　Tudor（1485—1603），英国历史上的封建王朝，以统治者的姓氏都铎命名，历时119年，共经历五代君主。——译者

2　Geoffrey Elton（1921—1994），英国历史学家。——译者

表，审视饼干带来的利润，我们看到这家公司每年赚到的钱比亨利八世国王和伊丽莎白一世女王在他们统治时期赚到的钱加起来还要多。这些利润都是经由海斯镇东北角饼干公司那所浅褐色砖楼创造的，那里距离汉普顿宫金碧辉煌的殿堂仅有 20 分钟车程。

即使是黑石私人股权投资集团的老总有时也会屈尊亲自出门去买块糕点吃，虽然此人富可敌国，其资产比人类发现火以来撒哈拉沙漠以南非洲各王国的财富更丰富。建造总部时，饼干公司也许从一家路边旅馆获得了审美灵感，不过其原因在于：与凡尔赛宫和埃斯科里亚尔宫[1]主人的想法不同（那些人被上帝、权力和美的种种观念搅得心烦意乱），这家公司的领导人十分清楚他们该崇拜哪一位神灵。

也许是出于此种原因，我没有遇到有人拿某一种饼干开玩笑。照管姜汁饼干、茶饼、雅法橙饼和"温馨此刻"的人像一群耐心、神色严肃的马屁精，竭尽全力满足一班任性小皇帝的需要。

7

一天下午，天色已晚，夜幕降临在海斯镇的工商业区，使即将在希思罗机场降落的飞机（许多是由亚洲飞来的宽体喷气客机）发出的光亮格外醒目。这时我路过一间两面有窗、位于拐角的办

---

[1]　the Escorial palace，马德里附近的西班牙皇家建筑群。——译者

公室，一位雇员正在打出一份关于"温馨此刻"系列产品销售业绩的文件。这种饼干上市已近1年。这位名叫瑞内的雇员陷入沉思，十分专注。我无法立即说清缘由，但是她身上的某种气质令我联想到几年前在曼哈顿现代艺术博物馆里看到的爱德华·霍珀[1]的一幅画。

在霍珀的作品《纽约电影院》（1939）中，一位引座员站在二次大战前一个装饰华丽的影院楼梯口。观众陷入半黑暗之中，她却沐浴在一片黄色灯光里。作为霍珀的作品常采用的笔法，她的表情暗示她正在想心事。她年轻漂亮，一头金发仔细烫过，流露出一种感人的柔弱和焦虑，令人顿生怜悯之心，占有之欲。虽然她的工作卑微，在这幅画上她俨然是正直与智慧的捍卫者，是影院里的灰姑娘。霍珀似乎在传递对媒体的微妙看法，实际上也是抨击它，暗示使大众为之振奋的技术革新竟事与愿违地阻碍我们对别人的关心。这幅画的力量体现在两种观念的并置：一是这个女人比电影更吸引人，二是她被人冷落的原因恰恰正是电影。观众急于就座，不少人居然如此粗心，不曾留意到有一位女主人公此时此刻就置身于他们当中，她比好莱坞能够表现的女主角更值得同情，更引人注目。影片鼓励观众对某些事物视而不见，画家的任务便是以悄然无声，细腻周到的风格去弥补这一缺陷。

1　Edward Hopper（1882—1967），20世纪美国最受欢迎的写实画家，主要作品有《夜莺》（1942）、《周日清晨》（1930）、《自动售货机》（1927）等。——译者

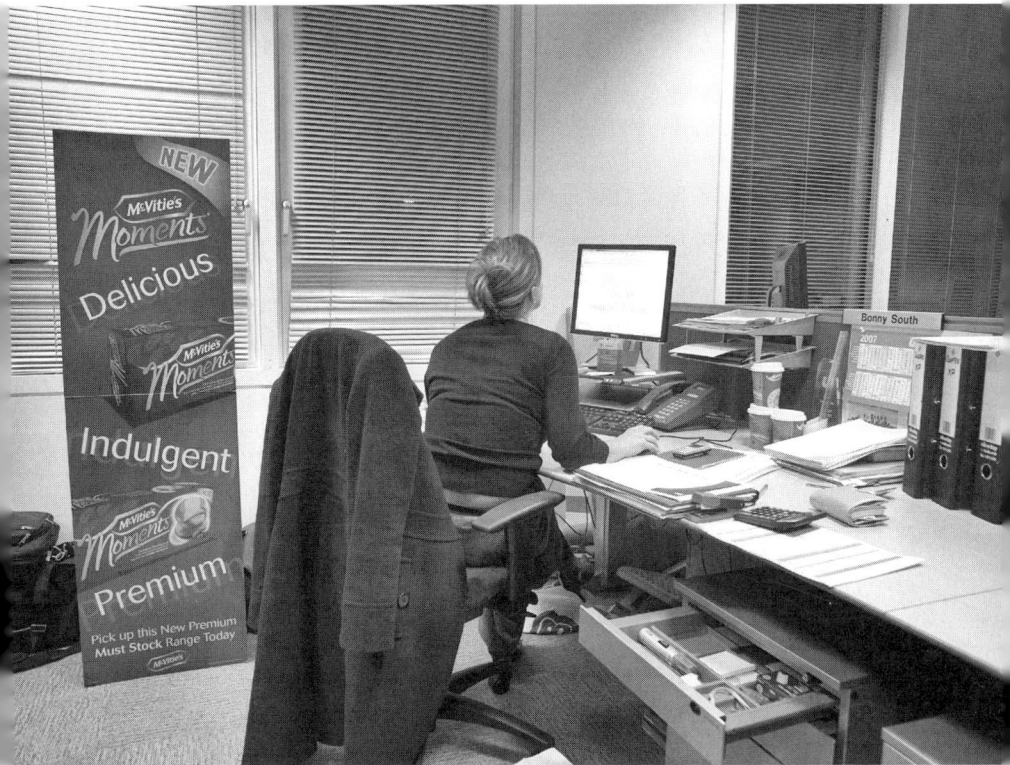

　　相比之下，海斯镇的公司总部里倒是洋溢着一股活力。这里存在明显的失衡：一边是饼干，一个被人看重的假想的利益中心，另一边是遭到忽视的人类价值，譬如努力工作以期达到他们的要求的瑞内。我很怀疑这些饼干实际上变成他们一直刻意要处理的问题的一部分，它们的生产和销售实际上使人们心灵空虚，神经紧张，而并不像他们宣称的那样，会减轻这种心理。

　　我大声对瑞内说出我的疑惑：为什么在我们的社会里最大宗的金钱往往是从出售最无意义的商品中赚到的，而且越赚越多；为什么作为工业革命核心的效率和生产力的巨大进步极少超越寻常商品的供给，譬如洗发香波、避孕套、使用烤箱时戴的手套、妇女内衣。我告诉瑞内，我们的自动机械和发动机的收益在需求金字塔底部占最大的份额，我们在快速建造糖果厂的工作中显然堪称专家，不过仍在找寻使感情稳定或婚姻和谐的可靠方法。瑞内对我这番分析未置一词。她脸上显现出十分恐惧的表情，仿佛要我能否别再来烦她。

　　后来，我离开海斯镇时塞车了，周围尽是存放减价家具的仓库和储存化学品的罐子。我发起脾气来，祈求《圣经》中记载的那类灾祸降临到饼干公司的房产上，这样它的董事们或许还能学会畏惧他们本该心存敬意的神灵。我想起约翰·罗斯金在《野橄榄花冠》中一段话，此书是 1866 年写的，81 年之后，人们才发明雅法橙饼。"在所有浪费中，最大的浪费便是人力的浪费。假如你清早到牛奶场去，看到你最小的孩子正在同猫嬉戏，他把所有的奶油洒在地上让猫舔。这时你会斥责孩子，为浪费掉的奶油感到痛心。可是，假如那些碗不是盛牛奶的木碗，而是存放人的生命的金碗。你不是等待上帝在泉水边将它打碎，却把其中一只毫无意义地打碎，把人血倾倒在地上，听任魔鬼用舌头去舔。这居然不是浪费！居然如此！你也许会想：'浪费人力并不是杀人。'真是这样吗？我倒想知道，你还能用什么更极端的方法去杀死他们。"

好心的朋友们建议我不妨定时吃点儿使人轻松愉快的"我的时光"，因为我显得有点怪，甚至还有点儿歇斯底里。

8

1周以后，我接到联合饼干公司高级管理层的通知。他们同意我参观生产"温馨此刻"的工厂。厂址在比利时东部，位于韦尔维耶与德国边界之间的乡村山地上。

我决定花几天时间开车到那里去，于是先搭渡船抵达奥斯坦德，以后沿着小路迂回前进，只是偶尔在某个动物园或纹章学博物馆停下来。倘若不如此，我担心自己会早于预定计划离开比利时。每逢吃饭时间，我对当地家庭餐馆强打精神做出的亲密状吓得唯恐避之不及，于是总在高速公路上某个无名加油站就餐。在E40号高速公路上的一个加油站里，我遇到一个土耳其人，他驾车将客户托运的枣子由伊兹密尔送到哥本哈根去。我把车子停在他的拖车旁，当时他正在车旁刮胡子，使的是博朗牌高级剃须刀，在他脸上投射出一道令人难忘的绿光，这样我们便攀谈起来。我夸他的镀铬樱桃红色重型卡车，他便邀我上车去看看。车尾有一个卧铺间，里面铺着颜色鲜亮的土耳其基里姆地毯，四壁是精雕细刻的柚木板，还开着一个窗子，透过窗外可以看到不协调的沉闷北欧风景，有一群黑白色相间的奶牛在吃草。

在列日，我住进假日酒店，它坐落在城市外沿一个布满混凝土建筑的街区上，似乎与城市中心的中世纪风貌保持着距离，同时又掺杂着底特律或亚特兰大的建筑风格。晚上，我通过客房服务部要了一份裹面包屑的炸鸡肉，坐在床上边吃边读一本关于低地国家[1]艺术史的书。午夜过后，我开始看一个电视节目，内容是一连串滚动的征友广告，有照片，均是由公众提供的。其中有一个来自沙勒罗瓦[2]的面包师，他正在留心守候"爱，再多一点儿爱"。这个节目已持续好几个小时，伴人度过不眠之夜，也流露出不同程度的渴求，那倒是我在这个幅员狭小、文化多元的国度里与人短暂接触中不曾留意到的情感。

第二天早上，我被门外真空吸尘器的响声吵醒，虽然仍觉得疲惫。我披上浴巾打开门，看到外面停放着一部推车和随意扔在那儿的一个托盘，上面摆着没有吃完的汉堡包和炸薯条，竟古怪地令人食欲大振。对面客房的门半开着，我瞥见两个清洁工在里

---

1 即荷兰、比利时、卢森堡三国。——译者
2 Charleroi，比利时埃诺省城市。——译者

面一边干活儿一边起劲地哈哈大笑。看着她们换床单，我想起前一天晚上读过的那本书，书中仔细描述 17 世纪时当地艺术家竭力颂扬家居服务涉及的一些技艺，尤其推崇清理厨房和庭院的技艺，认为描绘这类活动的题材优于依照惯例取自于《圣经》的更著名的题材。

待我准备下楼去吃早饭时，那个房间的面貌已完全改观。变得一尘不染，仿佛从未有人住过，现在正在恭候新房客的到来。些许尘埃在一束早晨的光柱中的无形空气涡流里随风起舞，除此之外那儿一片寂静。

赴重要约会前会发生的情况出现了，我过早抵达设在兰伯芒特村的饼干工厂，于是便先驾车来到附近一座考古博物馆，了解一番新石器时代比利时燧石和斧子的制作。那儿有一些令人厌恶的记录，一个陈列柜里摆着某人被石斧劈开、残缺不全的脑袋。考古学家发现此人时，他蜷曲着身子，双臂交叉抱在胸前，抵御敌人的打击。从前死亡的痛苦许久以后仍历历在目。有一阵子，现时的重要性、可靠性显得幻影一般。

事先已约定在不早不晚的 12：30 开始参观工厂，所以那天早晨我盘算过是否会有人请我吃午饭，或是先吃过饭再动身，最终决定吃自助早餐时拿几块奶酪三明治带上。如今我坐在车里边吃这些点心边听收音机里采访比利时财政大臣的节目。

我在工厂门口停下车，经理米歇尔·鲍狄埃已亲自在那里等候我，手里拿着一件白大褂、一双胶鞋和一只发网。所有访客都必须穿上这一套行头，它使人产生一种自己与一件千年不遇的盛事联系在一起的感觉，遂为谈话预先定出特别的调子。

鲍狄埃是一个热心肠而且健谈的人，他已在办公室的一个角落里为我准备好第二顿午饭，希望我多吃些，于是我又消灭了3块三明治，外加几块"温馨此刻"，那是当天早上才从生产线上下来的。吃饭时鲍狄埃向我介绍饼干生产过程中的几个难点，特别强调必须迅速使面团降温，以免它融化接下来裹在外层的巧克力。由于多年来在嘈杂的机器边工作，我的东道主的一只耳朵有点聋，因此他养成了与人谈话时很别扭地贴近对方的习惯。他贴得很近，我生怕他说出一个带 p 或 g 音的词，喷出口水来。鲍狄埃喋喋不休地谈到工厂每年生产多少吨饼干、巧克力的理想黏度一类的话题，这些话题并不总能使我十分感兴趣，却也使我完全明白，对于工厂和员工，他充满强烈的自豪感。

除了"温馨此刻"，工厂还为欧洲市场生产好几个有名的品牌，包括"得力巧克力饼""高奶饼"和"茶点时辰"。鲍狄埃告诉我，"茶点时辰"，一种裹巧克力的手指形点心，最近推出限量发售精美罐装版，上面印有比利时王室两个年轻人抱着刚刚出生的孩子的照片。

我们走进主要生产车间时，我想起自己在其他工厂里看到体积不大的家用物品从巨大的机器口中吐出时的奇特体验，那些机器安装在能容纳飞艇的硕大厂房里。在此之前我所见过的那种9块装成一盒的饼干，在这儿以每分钟1 100块的速度从传送带

上滚下。一个多维喷洒装置正在给"温馨此刻"裹上巧克力,另一部喷洒器为它们嵌入坚果碎屑。这部机器采用一些彼此风马牛不相及的工艺,譬如生产机关枪、订书机、航天飞机的机械手以及织布机的工艺。一部搅拌机在揉捏6 000吨重的面团,而它旁边的一部奇妙的机器每小时可组装出35 000个色彩鲜艳的饼干盒。

并非工人无法手工完成这些工作,实行机械化的原因在于人力已变得十分昂贵,厂方负担不起。为此经济学制定出高超的法则,即雇用几位工程师研制出三臂水压机,再解雇2/3的工人,付给他们失业救济金,让他们坐在家里看电视。这笔失业救济金正是用联合饼干公司一类的企业缴纳的企业增值税收益支付的。

在现场,一个参观者会感受到许多,那是一些撕开"温馨此刻"就吃的消费者未必能想到的。比方说,在那个无窗子的大工房里,在飘逸着柔和的糖和巧克力香味的氛围中,两个戴着发网的中年妇女面对面地坐在一块移动的橡胶铺垫前,审视那些小面团有无最微小的质量问题。她们不时会伸手拣出一块看着不顺眼的饼干,专注的目光使人联想到她们像是在下跳棋。虽然如此,这工作仍令她们有精力聊天。其中一位告诉另一位:她的儿子不听家人的劝阻,在同一个一心只惦着穿漂亮衣服和参加日光浴俱乐部活动的懒女人来往,虽然她自己也曾表现出对这类东西的兴趣。与此同时,密集排列在一起的饼干从她们眼前经过,命运未卜，或是来到邓迪[1]的会议室，或是去了普尔[2]的疗养院。

哈桑的工作是守着一个有一所房子高的搅拌机，必要时往面粉里添些植物油。3个月前，他从阿尔及利亚西部的一个村庄来到比利时。工厂外面有一个孤零零的公共汽车站，工人们由此前往邻近的乡村和城镇。工厂周围是一片引人注目的自然气息，附近的田野里有一匹马懒洋洋地凝视着联合饼干公司的旗帜。它在寒风中微微飘扬，像一块法兰绒。

这家工厂是一个经济实体，但它无疑也是一个建筑学、心理学、人种论的产物。人们会纳闷，不知道这家工厂在"黑石集团"的主人们是否意识到在比利时拥有一片土地以及200多人一生中黄金年华的全部含义，不知他们坐在曼哈顿的办公室里浏览盈亏账目数字时，脑子里是否形象地闪现过这些事实，亦不知在自己的职业生涯即将结束时，他们会不会因为曾经投资与盈利无关的事业产生一种特别的喜悦，一种责任感。

鲍狄埃的主要工作是确保工厂的生产线始终运转。去年夏天室内温度曾达到摄氏40度，他只好向比利时空军借来一排空调机，以免巧克力融化。四处飘散的落发始终是他关注的问题，因此每星期都要给员工讲解棉布帽的正确戴法。即使如此，在圣诞节前生产线还是停工3次，损失惨重，原因是安装在某些机器底

1　Dundee，苏格兰东部港市。——译者
2　Poole，英格兰南部港市。——译者

部，酷似黑色头发的硬刷子上的鬃毛脱落下来，造成一场虚惊。这些事件促使鲍狄埃安装一套新刷子，鬃毛呈人的头发极少有的鲜橙色。

鲍狄埃的敬业精神和专业技能进一步印证了我前一天晚上读过的那本书中的论点，该观点分析了新教与天主教思想史上对于工作的两种截然不同的看法。在天主教的教义中，高尚工作仅局限于神父侍奉上帝，而实际的、商业方面的劳作均属于低贱的工作，与展示基督教的美德完全无关。新教的观点却与此恰恰相反，自16世纪以来它便看重日常工作的价值，指出许多表面上看起来无关紧要的活动能使人们表达出心灵的特质。依照这一模式，谦卑、智能、尊崇和仁慈的美德可以在一家店铺里通过劳作获得，而且并不比修道士在修道院苦修缺少诚意。灵魂的救赎可以在平常生活中实现，无须经过天主教特别属意的宏大圣礼。扫院子、整理洗衣店的橱柜均与生存的最有意义的主题密切攸关。

鲍狄埃身体力行新教的理想。他的工作态度使人不再留意他在做什么，而是怎样去做。他的努力使人想到，在最有意义和最无意义的工作之间或许有连续性。在这梯子的两端并不存在一道不可逾越的障碍，人们在做最崇高的工作时发挥出的聪明才智亦常常见于回响着面粉搅拌机和巧克力裹皮机轰鸣声的巨大车间里。

9

厂家以一种轻浮的方式营销产品，无意中会损坏自己的形象，使它不能理直气壮地说自己的工作亦是对人类的有益贡献。一位雇员花费 3 个月时间推出一项超市促销计划，其内容不过是免费向顾客赠送印上卡通人物粉宝宝[1]的不干胶贴纸，听到这样的消息，人们唯一理性的反应就是悲哀。成人为何如此小家子气地放弃自己的权利呢？难道在死神披着黑斗篷、挎着镰刀出现在地平线上之前，我们竟没有更宏伟的抱负可以施展吗？

不过，在为此嘲笑咸饼干商标主任或那位签字同意把比利时的菲利普王子和玛蒂尔德王妃印在什锦饼干罐顶上的市场策划经理之前，我们必须明智地记住，处于饼干销售核心的最迫切问题不啻是生存，这无疑也是紧要、简单之至，可以说是很有意义的问题。工人们忙于完成一个古老的使命，即设法生存下来。在一个全然以满足非本质需求为基础的消费经济社会里，想要生存便不免要做一连串几乎是滑稽可笑的事情。

虽然联合饼干公司有过好几年盈利的好时光，它的资产负债表表明它时常是脆弱的。随着当地钢铁、纺织、煤炭工业的歇业，饼干厂周围地区已成为欧盟失业人数最高的地区之一，伴随而来

1　Fimbles，粉宝宝是英国广播公司创办的学龄前幼教节目，由 3 位永远充满好奇心的主人翁——粉宝宝、洛洛莉、泡泡莫带领孩子们一起去探索世界。——译者

的是居高不下的犯罪率和自杀率。在商标设计上的失算，在生产工艺上的出错，面粉突然涨价，或可可粉供应出现变数，只要遇到这类问题，一部分人就会立即失业，而且他们很可能再也无法在当地找到适当工作。鲍狄埃明白自己为他的人承担着怎样的责任，他特别关注他的主要竞争者的掠夺性行为，即读起来声音悦耳，却会误导消费者的"露依"品牌，这个品牌属于庞大的法国达能集团。这两个企业像为争夺一块栖息地进行殊死搏斗的雄鹿，斗得难分难解。在此处，这块栖息地就是遍布北欧超市里那大约有 10 米长的饼干长廊。它们的销售队伍施展狡诈的手段偷偷夺取对手的市场占有率。联合饼干公司在比利时生产的每一种产品都被"露依"仿制，联合饼干公司的"得力巧克力饼"（一种裹上巧克力的黄油饼干）面对的是"露依"的产品"小博士巧克力饼干"；它的普通黄油饼干"高奶饼"与"露依"的"小奶油饼"针锋相对；它的巧克力橘味"哥伦拜恩"饼干同"露依"的"皮姆橘饼"对着干；甚至它的"多明诺"，一种带巧克力奶油馅的薄脆饼也与"露依"的巧克力"沙翁"展开殊死搏斗。

　　所有这些产品的生产和推销都不是闹着玩的事儿，而是在为生存做出努力，因此与一个原始部落里的猎人猎获野猪同样意义重大，同样值得尊崇，因为全部落人的命运或许就取决于那次打猎是否成功。如果一部新的包装机器未能像人们预期的那样高效率地工作，或者一条广告口号未能引起顾客的遐想，厂房里的人们便没有出路，韦尔维耶的郊区便会陷于绝望之中。这些饼干关乎许多人的生计。

也许现代商业竞争与我们被教导的英雄主义无关。它们只涉及用平庸的手段作战，只涉及"买一送一"的特价商品和死缠烂打的贿赂，但是这些竞争仍是作战，其强烈程度和对竞争者的要求可以与猎人在史前比利时静寂森林中追踪鬼鬼祟祟的野兽相提并论。

10

我沿着每星期运送"温馨此刻"的拖车走过的路线回到英格兰，这些车从工厂送货到联合饼干公司设在阿什比德拉祖什[1]的分销中心。快到达奥斯坦德时，我在一个加油站停车，前院里有一排排等着驶上穿越英吉利海峡渡船的货车。

我由此想到遍布欧洲大陆的各种工厂，它们生产意大利饼干条和蜡烛、橡皮圈和黄油、意大利宽面条和电池、枕头套和玩具船。此后我又想到那些无论何时都在穿越欧洲的卡车，把套装火锅食品运往北部，把高保真音响设备送往西部，把玻璃纸运到阿尔卑斯山下，把泡夫麦片运到比斯开湾[2]附近地区。

在加油站对面一块田野的尽头便是高速西北列车铁轨，高速

---

1 Ashby de la Zouch，英国莱斯特郡城镇。——译者
2 the Bay of Biscay，位于伊比利亚半岛和法国的布列塔尼半岛之间。——译者

列车以每小时 250 公里的速度疾驶在法国和荷兰之间，每一部机车约值 2 800 万欧元。乘客们也许正在车厢里喝姜汁汽水、"百事轻怡"、"维力康纳"混合果汁、"芬达"柠檬汁或"舒味思"无糖橘汁。车窗外，婆娑树影在黄昏的暮色中摇曳，像早期电影投射出的影像。这真是一种古怪的文明：人们虽然已富可敌国，仍孜孜于财富的增长，其手段是出售十分微不足道而且与人的生活关系不大的商品。这种文明已分崩离析，无法敏锐地断定哪些事情是值得投入金钱，有意义的，哪些事情在精神上往往毫无价值，最终会导致当代人的自我毁灭。

早在 18 世纪，经济学家和政治理论家们便意识到商业社会的种种悖论和巨大成功意味着什么。商业社会看重贸易，奢侈的生活和私人财产，对于更高目标的追求则只是在嘴上说说而已。从一开始，商业社会的观察者们便惊恐地注意到，这类社会有两个最显著特征：一是财富的增长，二是精神的堕落。处于鼎盛时期的威尼斯正是这类社会，其次是荷兰，18 世纪的英国是第三个。如今，世界上的大多数国家都在仿效它们。

这类社会的自我放纵往往令它们最高贵的，道德上有远大抱负的成员惊恐不安，这些人严厉斥责消费主义，崇尚美与自然，艺术与友谊。然而一家饼干公司的楼宇会卓有成效地使人想到，那些忽视巧克力饼干有效生产的国家无不面临一个无法克服的难题，于是它们严厉劝阻那些最能干的公民，不准他们把人生虚掷在推进富有创新意识的市场营销方面。这些国家始终很贫穷，穷

100.

得无法确保政治稳定或照料那些最易受到伤害的公民，只得听任他们受饥馑和流行病的折磨。正是那些志存高远的国家让自己的国民饿死，而那些只顾自己的、稚气的国家却躲在炸面圈和多达 6 000 种的冰淇淋后面，有充足的资源投资产科病房和颅腔扫描仪。

阿姆斯特丹是靠出售葡萄干和鲜花建立起来的；威尼斯的宫殿用地毯和香料贸易的收益垒砌而成；布里斯托尔是用蔗糖筑成的。虽然采取种种不道德的方式，贯彻不顾理想，甚至自私的自由主义理念，商业社会获得了荣耀，这些社会里的店铺商品琳琅满目，积蓄的巨额财富足以为修建寺院和育婴堂提供资金支持。

坐在奥斯坦德郊外加油站靠窗座位上，我目送一辆载着厕纸的货车发往丹麦。我打开告别时鲍狄埃送给我的一盒"温馨此刻"，想到在一些企业中大量财富的积累与我们的内在的重要需求没有多少关联，又由此想到在这些企业中人们难以逃脱手段的正当与目标的琐屑之间的失衡，因而在电脑终端前和仓库里不免会陷入精神危机，会质问这一切有何意义。人们有几分绝望地思考自己劳作的不合理性，同时又崇尚由此而来的极大物质丰富。他们明白，表面上看起来像小孩子游戏的劳作实际上从来都是关系到生存的大事。这些想法似乎都牢牢嵌入一盒出乎意料地给人带来莫大安慰、黏糊糊的、裹着巧克力外皮的"温馨此刻"之中。

第四章
职业咨询

1

无论我们的技术力量多么强大、无论我们的公司组成多么复杂，现代人工作领域的最显著特点始终是内在的，其中包括人的种种心态。它基于一个大家均持有的普遍信念：工作应该使人幸福。所有的社会形态均将工作置于中心位置，但是我们的社会首先使人想到工作远非仅仅是惩罚或赎罪。社会首先暗示，即使在不存在经济需求的情况下，我们也应当寻求工作。对职业的选择势必决定身份，因此我们向新结识的人提出的最最迫切的问题不是他们来自何处，门第如何，而是他们是从事什么工作的。人们总是认为，若想踏上有意的人生之路，必然先要迈入可以获得酬劳的职业之门。

然而事情并非总是如此。早在公元前 4 世纪，当亚里士多德论及愉悦的感受与一个得到报酬的职位之间本来水火不相容时，他便对一种延续 2 000 多年的人生态度做出了界定。对于这位希腊哲学家而言，经济需求将人置于与奴隶和牲畜同等的地位。手工劳作和对商业事务的考虑会导致人的心理变态，唯有一笔私人

104.

收入和无所事事的生活才能予以公民充分机会去享受音乐与哲学天赋带来的愉悦。

　　在亚里士多德的观念基础之上，早期基督教追加了一条更阴郁的教义，认定工作带来的种种痛苦和烦恼是人类为亚当的罪孽而接受惩罚的适当的、不可通融的方式。直到文艺复兴时期，人们才听到关于此问题的新见解。在列奥纳多·达·芬奇和米开朗琪罗等人的传记中，我们首次听他们谈起从事实际工作的荣耀。起初，这一番价值重估仅仅限于艺术领域以内，而且是最了不起的一些范例，以后逐渐包括所有职业。到 18 世纪中叶，狄德罗和达兰贝尔出版 27 卷的《百科全书》，向亚里士多德的观点发起直接挑战，书中有许多文章颂扬烘烤面包、种植芦笋、照管风车、锻造铁锚、印刷书籍以及经营一个银矿所需的特殊才能以及这些活动带来的欢乐。文中还附有插图，展示完成这类工作所用的工具，其中有滑车、钳子和夹子。有一些器具的确切用途并不一定为读者所知，但是他们明白这些工具能够帮人更灵巧、有尊严地完成工作。在诺曼底一家制造缝衣针的作坊里待了 1 个月以后，亚历山大·德莱尔[1]写出或许是《百科全书》中最有影响的文章，他在文中充满敬意地描述把一块金属变为灵巧的、钉纽扣时用得上的工具的 15 个步骤。在此之前，这类事情往往被人忽略。

1　Alexandre Deleyre（1726—1796），是法国作家，著有哲学著作，并曾为狄德罗和达兰贝尔的《百科全书》撰稿。——译者

《百科全书》实际上是一部歌颂劳作高尚的赞美诗，而并非像人们所说的只是一部内容严肃的知识大全。狄德罗在"艺术"词条下阐明自己编纂此书的动机，痛斥那些心中只敬重"人文"学科（也即亚里士多德所说的音乐和哲学），却忽视与之相当的"机械呆板"的艺术（诸如制造钟表和织丝）的人。他认为"'人文'学科早已备受推崇，如今人们理应大声颂扬这些'机械'的艺术。人文学科必须将这些机械艺术从退化中解救出来，因为长期以来它们一直遭到歧视。"

于是，18 世纪的资产阶级思想家们将亚里士多德的原则颠倒过来。那位希腊哲学家认为闲暇令人志得意满，如今却是工作使人踌躇满志，无法带来经济报酬的工作则是毫无意义的，只应由那些闹着玩儿的浅薄之徒率性而为。如今一个人似乎不能既感到幸福同时又无所事事，正如从前一个人无法既孜孜劳作又在世为人。

有趣的是，人们对工作的态度的种种演化与他们对爱情的看法有一些关联。在这一方面，18 世纪的资产阶级将令人快乐的因素与必不可少的因素结合在一起。他们主张，在一个家庭里，性欲与养育孩子的实际需要之间并不应存在根本矛盾，因此婚姻不该排斥浪漫故事。同理，在一个经济实体内亦有可能发生令人赏心悦目的事情。

我们仍是起初那些变革的继承人，欧洲资产阶级继续采取重大措施为提高人们对婚姻和职业的满意度而努力。迄今为止，悲观地或现实地考察，只有贵族才配享受风流韵事和业余爱好。

获得幸福的方法之一："锻造一只锚",
选自狄德罗和达兰贝尔的《百科全书》插图

2

　　心里装着这段历史，我意欲拜访一位职业咨询师，也就是一位致力于想方设法帮人找到一份工作，令其产生成就感的专业人士。

　　我在互联网上搜索，找到一家叫作"国际职业咨询公司"的机构，它的网站承诺为那些面对"使人产生困扰的人生决策与职业选择"的人提供帮助。这一番颇具权威性的表白误导了我，我期待着看到宽敞、设备完善的总部，然而该公司却在一个不起眼、拥挤的维多利亚时代建造的住宅里运营，这所房子坐落在伦敦南部一条破败的街上，那儿有不少民宅。它有一间办公室和一间诊疗室，墙上贴着保罗·克利[1]的画，窗外有一个冰封的鲤鱼池，拉着一根晾衣绳。唯一的全职雇员是罗伯特·西蒙斯，一位55岁的心理治疗师。12年前，他与妻子琼一起开始经营这项事业。她帮他管账，记录能力倾向测验结果。这对夫妻非常喜欢吃英国人菜谱中某些较少见的蔬菜，因此一天中的大多数时辰，甚至在清晨，这所房子里都弥漫着刚煮好的卷心菜或大头菜味儿。西蒙斯曾在布里斯托尔大学学习心理学，在那里受到人文主义学派的影响，这个学派强调创造力和自我发展。他利用闲暇写出一本书，书名

　　1　Paul Klee（1879—1940），瑞士画家，作品以油画、版画、水彩画为主，代表作有《亚热带风景》《老人像》等。——译者

108.

是《真实的我：作为自我行为的职业》，几年来他一直在设法出版
此书。

西蒙斯个头高大，留着胡须，瞧上去好像能把一条狼摔倒在
地，可那只是外表给人的假象，实际上他性情和蔼，像牧师一般
耐心。若是在从前，别人没准儿会把他当成一个静谧的乡下教区
里的助理牧师，在自家花园里养着蜜蜂和一只乌龟。虽然他并没
有多少宗教信仰，却十分真挚地为病人和遇到麻烦的人排忧解难。
在诊疗室里，我们面对面地坐着，中间摆着一盘夹馅面包，他坦
承自己对这种面包喜爱得几乎上瘾。他的眼神很慈祥，就像一位
愿意听别人吐露最令人难堪的心事的人。即使是最最古怪的想法
似乎也不会令他大惊小怪，做出令对方难堪的评判。我心中暗暗
萌生一种迷乱的念头，竟然希望他能成为我的父亲。

西蒙斯每周用去 3 天时间在家里接待来访者，其余两天则用
来走访附近的工商企业，替即将被解雇的工人出主意，或为不堪
重负的经理人员出谋划策。他还为失业者举办励志座谈会，为他
们安排心理测试，帮助他们准备面试。他也曾在大学生就业洽谈
会上与毕业生讨论如何为就业做准备。

我们达成一致，我将在今后几周内观察西蒙斯的工作方法。
我要同他一道出去走访，在办公室里借助视频监视器观察他如何
为来访者提供咨询服务（需要必要的许可）。作为我的报答，他只
是要我为他推荐一位与出版商打交道的文稿代理人。

110.

3

　　3 天后，我躲藏在那间用来当书房，小得像一只橱柜似的屋子里，观察监视器黑白屏幕上显示的隔壁诊疗室里的活动。当天的第一位来访者已开始概述她的生平和对自己职业的不满，她的态度有几分拘谨，也有几分坦诚。我身边堆满顶到天花板的一叠叠文件和卷宗，地上扔着一个装有西蒙斯的运动衣的袋子，刚刚穿过的运动鞋散发出强烈的臭味儿。借助监视器上的扩音器，我听得到那个来访者说话，但透过墙壁传过来的声音更直接。这是明澈透亮，发音十分清晰的英格兰人的口音，或许她在泰晤士河畔沃尔顿长大，获得过牛津大学基布尔学院历史专业优等生的荣誉。透过门缝，我看得到这位来访者的外衣挂在厅里，那是一件昂贵的蓝色山羊绒外套，上面有水点般的图案。边上还放着一只薄薄的皮公文包。

　　谈话中，西蒙斯的这位客户曾 3 次打断对自己趣闻轶事的陈述，猛地向后捋捋头发说："真抱歉。这一定非常枯燥乏味。"仿佛早就料到她会这样说，西蒙斯平静地回答道："我坐在这儿正是为了听你倾诉的。"20 分钟后，像长辈一般慈爱的西蒙斯压低声音，几乎耳语般地问，究竟发生过什么事，使昔日那个天真快乐的女孩完全变了一个人？至此，37 岁的卡罗尔毫无先兆地啜泣起来，她是一位税务律师，在英格兰银行附近的写字楼里领导一个部门，手下有 45 个人。西蒙斯亲切地望着她。窗外，邻居的猫儿正在绕着鲤鱼池漫步。

卡罗尔走后，西蒙斯扔掉一大堆用过的纸巾，将长沙发上的垫子扯平整。他认为困扰着那些咨询者的最常见、最无益的错觉就是，他们自以为在成长过程中，早在获得学位、成家、买房、跻身于律师事务所高层之前应凭直觉先知道应该怎样妥当地生活。他们始终饱受一个萦绕在心头的念头折磨，即由于自己的错误或犯傻，他们已经与本该从事的"事业"失之交臂。

"事业"这个古怪而又不合时宜的词儿在中世纪开始在基督教世界流行，原本指的是人们突然得到旨意，要他们依照耶稣的教诲身体力行。西蒙斯坚信，这个概念的世俗版本一直延续到现代，它总会用一种期望折磨我们，即生活的意义总会在某一时刻以现成的、确定的形式显现出来，这种意义随即会使我们从此不再受迷惘、妒忌和懊悔的侵扰。

西蒙斯更喜欢引自心理学家亚伯拉罕·马斯洛[1]《动机与人格》中的一句话，他把以下这句格言钉在洗手间里："知道我们想要什么并不是一件寻常的事情，那是难以取得的心理上的成功。"

4

下星期卡罗尔再度来访，穿着绿裙子和 T 恤衫，显得年轻了

1　Abraham Maslow（1908—1970），美国当代著名心理学家，人本主义心理学主要创始人之一。——译者

112.

10 岁。西蒙斯首先为屋里的气味不好表示一番歉意（他的太太正在烹制掺入奶酪皮的大头菜泥），然后建议她交一篇小文章。他在她面前摆上 3 张已写出标题为"我喜欢的东西"的纸张，给她 10 分钟，让她列出一张想得到的东西的清单，从伟大庄重到琐屑不堪。随即他便起身出去端柠檬干姜红茶，弗洛伊德不赞成心理治疗师与病人交往过于密切，他始终反对这个观点。

卡罗尔在纸上写字儿，不时停下来眺望窗外。她表现出一种强壮的甚至是男性的美。看到她的人或许会联想起 20 世纪 20 年代英国驻乌干达某位中级殖民官员的妻子。

西蒙斯明白，仅仅与人们直接讨论喜欢做什么无助于引导他们从事更令人愉快的职业。多数前来咨询他的人过于关注金钱和社会地位，他们早已丧失就择业问题做一番认真思考的能力。他想让他们回到基本准则上来，围绕那些令他们高兴、激动的因素做些自由联想，并不企图刻板地为他们设定一个求职的框架。

西蒙斯喜欢一个隐喻：在发掘自己能力的过程中，前来咨询他的人必须像带着金属探测器走过一块地面的探宝人那样行事，必须留神倾听他所称的"欢乐的"嘟嘟响声。一个人首次得到的喻示或许会说他的真正兴趣在诗歌方面，不是在一页页读诗集时听到神的声音这样吩咐，而是在城市边缘的停车场顶上，看到薄雾笼罩在一个静谧的幽谷上方时，他感受到发自内心的嘟嘟声。或是一位女政治家，早在加入某一政党、掌握治理国家的本领之前，她已在成功调解两位家人的矛盾后捕捉到这样一个明显的信号。

卡罗尔内心发出的嘟嘟响声碰巧是复杂的，令人困惑。她幻想自己喜欢做的事情，包括参观古老的教堂、分发礼物、把东西整理得井井有条、在马盖特[1]一个朋友开的海鲜餐馆里吃饭、买旧式椅子以及在互联网上读经济方面的博客文章。

利用几次会面的时间，卡罗尔和西蒙斯分析她那张单子上的内容，还借鉴了两位考古学家研究一座古城的瓦砾时采用的分离法。他们谈到那个海鲜餐馆，谈得越多便看得越清楚，其实并不是餐馆本身对卡罗尔具有特别吸引力。令她产生深刻印象的是，她那位朋友按照自己的兴趣爱好冒险创业，给她树立了一个榜样。西蒙斯从这次谈话中抽出"热情"这个词，把它写在门后的白色书写板上。随着时间的推移，他们发现卡罗尔对经济学博客文章的爱好实际上仅限于其中一项内容，即对社会企业家身份的探讨。于是，西蒙斯又在白板上写下"利他主义"和"商业"。

接着，职业咨询师和前来咨询他的人转而研究"妒忌"。西蒙斯特别推崇这种感情，它提醒人们留意自己的潜能。他觉得遗憾的是，这种有益的感情常常受到自以为是的道德准则排斥。若没有嫉妒心理，人们便无法认识自己的愿望。于是西蒙斯再给卡罗尔10分钟，让她写出自己常常会妒忌的人的名字。他一边往门外走一边补充说，对于她是否心地善良，他并不在意，但是假如

1　Margate，英格兰东南部城市。——译者

114.

名单里没有至少两位关系亲密的同事或朋友，他便知道她在逃避现实，而且多愁善感。

在闭路电视上看他们谈话，我渐渐领悟到隔壁潮湿的房间里正在发生具有历史意义的事情。西蒙斯已将他的毕生精力用于深切关注另一个人的最最细微的情感。千余年来人们注重行为甚于想法，将智慧仅仅用于谈论枯燥抽象的理念。一个普通人每天遇到种种困惑，他的想法本该得到细致考察，如今他终于有了一个可以探讨问题的论坛，在所有那些建得较好，却并非为满足我们的最基本需求而设立的企业中（诸如为园艺业、清洗业、会计工作和计算机行业提供便利的企业），终于出现一家机构，它致力于解析人的心灵上重要却又模糊不清，像无线电信号传输一般的变化。

西蒙斯的书桌上摆着米开朗琪罗未完成的雕塑《奴隶"阿特拉斯"》的照片，来自佛罗伦萨的学院美术馆。在这块处于原料与艺术精品之间的石头上，一具至今未能找到头部的躯体努力想挣脱这块厚重的大理石，从中现身。在西蒙斯看来，这一未完成的作品是一个隐喻，预示着他对职业咨询的功用的看法，用尼采的话说便是帮助我们"成为你自己"。

5

与西蒙斯相处 1 个月以后，他问我是否愿意跟他一道去英格兰北部出差。我们的第一站是纽卡斯尔，他在那儿一所大学里的招聘会上预定一个展位。2 000名学生将在这个维多利亚时代的大厅里游荡，不少经济领域内各行各业的雇主已来了。西蒙斯将在这里提供半小时的咨询服务，学生们可以自己选择是否以后再与他在电话里继续讨论。

伦敦驶出的火车上挤满了人，我们站在走廊上，拎着装有西蒙斯的展位组件的大箱子。列车员怜悯我们，让我们进入头等包厢。我们坐在裹着天鹅绒的扶手椅上享用有香肠和鸡蛋的早餐。这始料未及的奢侈待遇不仅未使西蒙斯高兴起来，反倒令他暴露出我以前不曾见过的忧郁的一面。工业化英格兰留下的痕迹在窗外闪过，西蒙斯却在沉思现代文化和礼仪之拙劣。随后他换了一个话题，谈到没有多少人愿意花钱得到他的服务，而且来找他的人大多只是听他介绍一次情况，听他讲解以实验为基础的咨询方法。他们只花很少的钱，以后很快便走人。西蒙斯总结道，大多数英国人随波逐流，将成人后的毕生精力用来做16岁时未经过仔细斟酌便选定的工作。就在此刻，显然是要证实他的分析很有道理，走道另一侧的一个十几岁的女孩在懒洋洋地翻阅 *Bella* 杂志上的《名人花絮》栏目。

来到招聘会场时门刚刚打开，于是我们匆匆组装好展位。学生们拥进来，情绪高涨，三五成群，时常爆发出一阵令人不快的大笑。看得出来，他们很健康，有几个还很漂亮，这似乎是在暗示知识和经验最终并不能成为可借助的，非常有价值的商品。

有几个人经过我们的展位时取走了宣传页，但是多数人匆匆

116.

118.

走过，直奔对面一家国防工程承包商和一家连锁超市的展位。看来这注定将是一无所获，使人疲惫的一天。不料，到下午晚些时候，西蒙斯翻检一叠他发出的问卷调查，发现有一份署名为索伦·克尔恺郭尔[1]。在"欲在职业生涯中取得何种成就"那一栏里，这位刚刚诞生的幽默大师写道："推翻虚伪的基督教伦理霸权以及伪善的丹麦国教会。"

我们找到一家毫无生气的"宜必思"酒店。由于管道漏水，那里的餐厅已关门，因此我们在一家加油站里买来奶酪三明治，吃过便早早去睡觉。

第二天事情出现转机。我们去米德尔斯布勒[2]访问一家挡风玻璃公司的维修部，他们正准备裁减25位中层经理。老板要求西蒙斯举办一次题为"自信"的研讨活动。西蒙斯将对那些冗员进行一些培训，这些培训项目旨在帮助他们憧憬自己充实的未来。在早晨的会上，他在屏幕上打出幻灯片，内容是"只要想做，我能做成任何一件事情；我可以变得很强大，能移动大山；我可以制定自己的目标并且取得成功；迄今为止，我做过的所有事情均未展示出自己的潜力"。作为补充材料，西蒙斯还散发一本小册子，其中有从靠自身努力取得成功的人士的传记中摘引的片段。在小

1　Søren Kierkegaard（1813—1855），19世纪丹麦哲学家，存在主义之父。——译者

2　Middlesbrough，英国英格兰东北部港市。——译者

册子的扉页上有一句莱翁·巴蒂斯塔·阿尔贝蒂[1]的名言："只要愿意，人可以成就一切。"

看着这一切有些令人不快，我曾几次扭过头去呆呆地眺望窗外的餐厅。听到其中一个人按照西蒙斯的指导不断地重复"我的业绩由我写"，我觉得特别难受。我退入洗手间，好让自己放松一下。我试图分析自己为何感到不愉快，却开始怀疑自己的立场是否正确。我意识到，西蒙斯的话之所以使我心神不宁，是因为它反映出现代世界关于成功的真相，令人困惑却又最终必须面对。在从前等级制度较为森严的社会里，个人的命运主要由出生的偶然性决定，成功与否并不取决于你能流利地宣称"我能移动大山"。

在精英化、社会各阶层快速交换位置的现代世界上，一个人的社会地位很可能由他的自信心、想象力和能力决定，这些因素使别人信服他获得的酬劳是理应得到的。然而，这一取得成功的途径却与斯多葛主义和顺应天命的哲学不甚合拍。出于对《渴望成功》一类书籍的深深蔑视，人们可能听任自己生活中的机遇逝去。他们坚信，人并非是那些励志口号能够左右的。没有才能不会使人毁灭，某种悲情的自鸣得意却会令他遭遇灭顶之灾。

午饭后，西蒙斯把那些经理带回讲堂。让他们互相交流对未来的憧憬。这个主意基于一种考虑，即当众吐露自己的想法会促

---

1 Leon Battista Alberti（1404—1472），意大利艺术理论家、建筑师，一生致力于理论研究，著有《论绘画》《论建筑》《论雕塑》等，首次提出空间表现应基于透视几何原理的观点。——译者

120.

使他们将这种想法视为一种承诺，即使信心发生动摇也难以违背自己的诺言。一位已在这家公司工作了 20 年，40 岁出头的雇员说她的抱负是在自己出生的那个村庄里开一家茶馆。她十分热衷此事，计划十分具体（茶馆的墙上将要挂上秀兰·邓波儿[1]小时候的照片），众人听了不由得为之动容。"我能移动大山"，说完她便在大家的掌声中回到座位上去。

我感觉到眼眶里充满泪水。我想到，不论我们对于自己究竟能做什么存有何种过于理性的想法，我们仍保留着某些令人羞愧的朴素需求，其中包括对获得别人支持和关爱的异常强烈、始终如一的渴求。西蒙斯旨在激发动机的培训针对的正是人性中这古老的一面，这既不要求说话人有口才，也不需要复杂的逻辑推理，大家反倒会包容笨拙的言辞，只要这些话能像良药一样带给人必要的希望。

下午快结束时，西蒙斯组织大家讨论他称之为"绝望的声音"的因素，即会导致失败机遇增加的主观态度。许多参加研讨的人回忆说，这类声音可以追溯到一位拒不帮助子女的家长或总挑毛病的教师那里。总之，那是一个多年前使他们受到批评、不受重视的人。这些成年男女一个接一个地站起来讲述往事，回忆在个儿还只有门把手那么高的时候，自己形象便受到严重伤害，

1　Shirley Temple（1928—2014），美国电影演员，5 岁即登台演出。——译者

122.

如数学老师斥责他们代数不好，或父亲说妹妹擅长艺术，而他们却应当继续从事体育活动。

他们的回忆揭示，正如是否用正确的方法为摩天大楼浇筑地基一样，少年时代人的性格如何形成是敏感而又重要的课题。在一个人的早年生活中，即使是最轻微的玷污也具有暴虐的力量，会使这个由动物进化而来的人终生郁郁寡欢。谁若继续否认儿童受到过几乎觉察不到的轻微虐待具有重大意义，他无非是要表明一种同样粗野并且鲁莽的常识，这种常识一度曾使我们的祖先对像针头那么小的一滴唾液里会生长致命微生物的想法嗤之以鼻。

从这一角度看，在现代教育理论中，对教养和自尊的培养予以重视，这恰恰表明我们的社会已经摆脱神经错乱或软弱。相反，对此的强调与对当代人劳作生活的要求完全一致，正如古代人最需要灌输关于禁欲主义和勇敢行为的说教一样，与其说这是出于善意，倒不如说是出于实际需要。同各个时代养育后代的方法一样，人们刻意确保下一代获得最佳机遇，在充满敌意的环境中生存下来。

6

从北方回来几个星期之后，我和西蒙斯来到位于伦敦中心地带的一间办公室。有一家美国银行委托他用一上午时间测试一些求职者。西蒙斯原希望能结合面对面交谈的形式进行测试，那样可以了解更多情况。结果他发现这家银行不愿延长时间，增加花费。

他要连夜为试卷打分，以便他们第二天就决定雇用谁，不雇用谁。

接受西蒙斯测试的人花费大块时间填写莫里斯比人格剖析图表，这种图表在智力问卷调查图表中最受重视，使用范围最广泛。我对自己选择职业的智慧从未产生过疑问，但也参加了测试，希望借此更多了解自己的工作心态。我在一组组词汇中寻找不同寻常的词，想法解开图案的谜底，找到类推法试题的答案，诸如"重之于轻类似于 a）宽广，b）白天，c）跳跃之于 d）砖块，e）狭窄，f）房屋"。

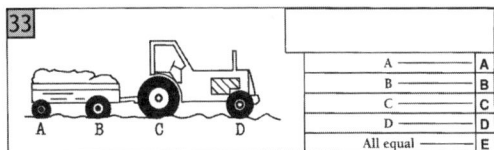

拖拉机行驶时，
哪一只轮子转得最快？

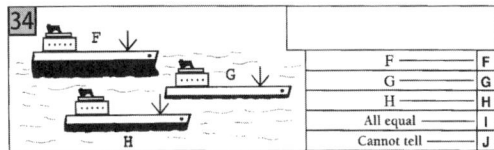

这些船只完全相同。
哪一只载货最多？

两天后，我的测试结果装在一只专用封口文件夹里，从西蒙斯的办公室发送回来，如此安排亦是为了表明测试结果重要。与我所看到的西蒙斯与卡罗尔（她后来递交了辞职报告，放弃法律事务所里的工作，去申请一家提供廉租房的慈善组织的经理职位）之间的微妙心理交锋方式有所不同，这份报告看起来像是用计算机完成的。报告先说明我在市场营销方面具有特别才能，却不擅

124.

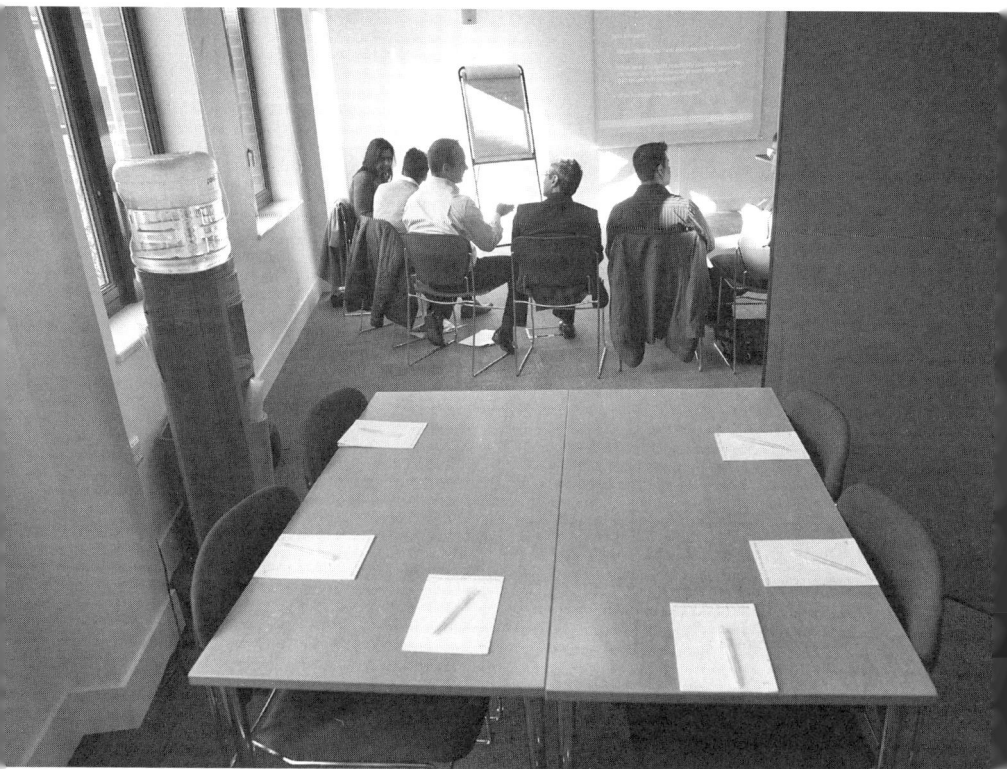

长与数字打交道。后面写道："申请人的能力达到平均水准，非常适合从事各种中级管理工作和商务岗位，在医疗诊断、开采原油与天然气领域或娱乐业中一定前途无量。"

我意识到自己渴望认同这份报告的结论，希望借此减轻对未来的疑虑。不过这份报告并没有使我多少增加一些自信心，反而，我越想就越觉得，从整体上看，它昭示职业咨询有一些局限性。我又一次想起西蒙斯办公室里的卷心菜和大头菜气味。我觉得不可思议而又令人遗憾的是，在我们这个社会里，很可能会改变人的一生的择业问题居然在很大程度上听凭被边缘化的心理治疗师摆布，他们只是在种菜之余从事这个行当。倘若这个位置由一位旅行代理商抢到手，那准会成为世界上最令人羡慕的职业之一。

也许，这种疏忽只是恰如其分地反映出心理治疗师们最终对人性所知甚少。出于可以理解的，希望潜在咨询者做出积极响应的渴求，他们会承诺自己无法做到的事情，正如教文学创作的教师有时出于贪婪，有时出于感情用事，会暗示学生，说所有的人有朝一日都会写出伟大的作品。其实，他们本应坦诚说出令人不安的实情，那也是一件民主社会不能容忍的事情，即才华横溢的作家，就像对现状心满意足的工人一样，始终是非常罕见的。又譬如块菌，根本无法用工厂化农业的方法培养。

德国社会学家马克斯·韦伯[1]在他的文章"以学术为业"

---

1 Max Weber（1864—1920），德国的政治经济学家和社会学家，现代社会学和公共行政学最重要的创始人之一。——译者

（1918）中更精确地阐明通往释放我们的潜力道路上的真正障碍是什么。他举例说，歌德便是那种富有创造性、心智健全、"千年一遇"的人物。

在历史上的各个阶段，对于大多数人而言，我们的光明前程总是不能如愿到来，它总是无法使我们赚大笔大笔的钱，实现宏伟的目标，或建立博大的体系。它始终只是童年时代遗留的希望，或只是一个梦想。每当我们驾车沿着高速公路行驶，觉得自己的抱负在广阔地平线上翱翔之时，我们只是在做梦。若想重新描绘现实，我们需要非同寻常的应变能力、智力和好运气，而在卓越之巅两侧山坡上却分布着数不清的小山包，那里居住着饱受磨难、形单影只的成功者。

许多人在距卓越仅有一步之遥的地方裹足不前，明知自己已接近成功，却因此心神不宁，依然驻足于分界线的谬误这一侧。我们与现实打交道时往往受到一系列屑小却关键的心理缺陷侵害，如有点儿过分乐观，怀有不加掩饰的对抗情绪，表现出会带来灾难性后果的急躁或感情用事。我们就像一架精密的高速飞机，只要缺少一个小部件便只能无助地停在跑道旁，速度甚至比拖拉机或自行车还慢。

我同西蒙斯分手后才感受到，一种未经深思熟虑的残忍悄然隐身于一个资产阶级信念之中，那便是人人皆能在工作和爱情中体验到幸福。这并不是说工作和爱情这两件事常常不能带来成就感，而是它们几乎压根儿就不会带来成就感。每当一个例外的情形被人错误地解释为普遍的状态时，个人的厄运就会像特别的灾祸压在身上，而不会被看作是生活中几乎不可避免的酸甜苦辣。资产阶级意识形态拒不承认人类命运中最自然不过、原本存在的渴求和不完美，因而不赞同人们去安慰婚姻不幸或壮志未酬的人，而是听凭这些人暗自为受辱蒙羞的情感折磨，因为他们一再失败，未能实现自我。

7

最终，有 12 位文稿代理人读过西蒙斯的手稿。他们全都客气地对作者予以鼓励，但是依旧没有人愿意出版《真实的我：作为自我行为的职业》。

128.

第五章
火箭科学

1

2007年8月，在一个潮湿而又炎热的下午，一架法国航空公司的喷气机降落在法属圭亚那。飞机商务舱里坐着一家日本电视公司的12位高管，他们从东京飞到南美洲来跟进他们公司的人造卫星发射。

这些高管已买下这颗卫星，以期开办一个面目一新的电视台。他们希望借此吸引、启发日本公众的想象力，打破国家广播公司（即日本广播协会）的垄断地位。日本广播公司的节目视野狭窄，一向以播放樱花盛开的画面和描绘西藏老虎捕食习性的冗长节目而闻名。他们想建一座专门播放动画片的电视台，播出反映武士机器人的辉煌战绩和早熟的诱人女学生生活的浪漫电视剧。他们想播放对失败者施以虐待，以示惩罚的游戏节目，以及揭露住在东京附近，早出晚归上班族的妻子们渴望婚外恋的肥皂剧。

不过，日本的地形一向对试图进入电视播放市场的人造成无法逾越的障碍。这个国家分布在四个岛屿上，大部分地区覆盖着

132.

森林，暴风雨天气和火山爆发十分频繁。这种情况要求从业者在价格昂贵，几乎让人买不起的维修设备上投入大把的资金。这也说明为什么在战后的岁月里，日本的电视事业几乎始终掌控在古板、喜爱樱花、政府所有的大公司的手里。

于是，这些富于开创精神的高管们想出一个绕过这个后勤障碍的办法。他们发现，如果将一颗人造卫星发射到太空中，他们便可以将图像信号传送给日本列岛上每一个装上碟式接收器的人。具体地说，就是让它进入位于东经110度上空，距地面36 000公里的运行轨道上。这种接收器并不昂贵。这样，一部诸如《老师的提包》[1]的电视剧，讲述一个20岁女人与她的75岁书法老师之间不伦的恋爱故事，便可以先传送到高空中，再返回地面，覆盖从北海道冰封的山顶到冲绳岛点缀着棕榈树和摩天大楼的海岸线。

建立日本第一个卫星电视台的想法便应运而生。正如该频道的宗旨所说，这一事业的名称"日本卫星放送网"旨在启迪它的收视者，使他们产生"一个又一个新颖奇特的感受"。不过，需要继续做一些艰苦的工作才能将经营计划变为现实，其中包括与政府官员和业内的监管官员作斗争，与日本广播公司和富士股份有限广播公司进行艰苦的股权收购谈判，还要费尽周折去协商购买

1　*Sensei No Kaban*，此剧根据日本作家川上弘美的同名小说改编，2003年在日本上映。——译者

韩国热门电视剧《我叫金三顺》的播出权。最后，他们要花费很多时间找到这样一颗卫星。听过好几家竞争对手的介绍，经过类似于露天市场上漫天讨价还价的商谈后，他们花1亿美元买下洛克希德·马丁公司[1]的A2100A型卫星。它停在离机场只有几公里之遥，建在丛林中一片开阔地上的机棚里，期待着与新主人首次见面。

2

日本电视行业的高管们鱼贯走下飞机，经过一幅法国总统的巨幅照片进入贵宾厅，在那里他们受到法国商用太空机构"阿丽亚娜"航天公司头面人物毕恭毕敬、热情友好的欢迎。话说回来，对于这批刚刚交过7 500万美元发射费用的贵宾而言，这个场面也算得体。办完出关手续、正式进入法属圭亚那后，这些高管每人都得到一只硕大的木头盒子，里面装着银制的卫星复制品。接着，有人带他们登上一部小型客车去旅馆。

显然，他们来到了世界一个特别的角落。首先，法属圭亚那给人带来的难题是不易在地图上找到它。法属圭亚那这样一

---

1 洛克希德·马丁公司由原洛克希德公司和马丁·玛丽埃塔公司于1995年合并而成，是美国第一大国防承包商，生产和经销飞机、导弹和空间系统，在航空、航天、电子领域均居世界前列。——译者

134.

个地名常常容易与其他国家的国名地名混淆。这样的国名地名不多：非洲西海岸有一个加纳（Ghana）；南美洲委内瑞拉东面有一个圭亚那（Guyana）；紧挨着西非塞内加尔还有一个几内亚（Guinea）；葡萄牙从前的殖民地，毗邻几内亚的地方如今叫作几内亚比绍（Guinea-Bissau）；有位于西非喀麦隆之下的赤道几内亚（Equatorial Guinea）；还有新几内亚岛（the island of New Guinea），一部分归印度尼西亚，另一部分是巴布亚新几内亚（Papua New Guinea）。甚至连它的发音也会引起麻烦，英国人说"法属圭亚那 French Guiana（Guy-arna）"，而法国人喜欢更紧凑的说法："圭阿那 Guyane（Gü-yann）"。

更有意思的是，这块地方因其地理位置承担着重负。它位于南美洲疟疾流行的北岸，夹在西面的苏里南和东面的巴西之间。同时它又是法国属地，1946 年，它被前殖民地主人划为法国的 26 个海外省之一。如今它是欧洲联盟的成员，其最高权利机构是设在斯特拉斯堡的法国法院。它的农业、渔业政策在布鲁塞尔制定，它的货币是设在美因河畔法兰克福的欧洲中央银行发行的欧元，甚至可以在奥亚波克河上印第安人的居留地皮拉寇朴皮埃纳流通。

人们以不同的形式，在这个万花筒似的热带国度里施展法国官僚作风和资产阶级的抱负。在建有锡顶房屋的村庄里，球场紧挨着伏都教的庙宇。1 号、2 号国家公路是这个地方仅有的两条公路。路上竖着标准的法文标示牌，用的字体是 57 号弗鲁提格

136.

细长体。它更适宜指示去南特[1]和克莱蒙费朗[2]的道路，在此处却与美洲印第安人的地名纠缠在一起，如伊拉库博和阿瓦拉-亚力马坡。餐馆（车站咖啡馆和谢兹·皮埃罗酒吧）里供应以热带丛林里的野猪为原料的炸肉块，以及亚马孙河鱼。这种鱼刮去鳞前活像史前的空棘鱼类，通常人们会把它切成条状泡在文也汁[3]里端上来。

到处都是一派衰败和绝望的景象，这里没有可以称道的经济。因为海里有鲨鱼，这里没有旅游业。从河里流入的泥沙使海水变为棕色。由于土质贫瘠，这里也没有农业。通往巴西的道路基本不能通行，唯一连接外部世界的通道是每天飞往巴黎的班机。若要去附近的委内瑞拉或秘鲁，必须先在巴黎奥利机场中转。

3

日本卫星放送网的官员们为自己的成就感到自豪，表现得落落大方，他们准许我们选几个人同他们一道出行。

一家香港电视台派出一位最能干的年轻记者，不过由于预算压力只派一个工作人员协助她。此人背负着所有摄影设备，好让

1　Nantes，法国西部港市。——译者

2　Clermont-Ferrand，法国中南部城市，多姆山省首府。——译者

3　*meunière* sauce，一种吃海鲜时用的蘸料，用融化的牛油、白葡萄酒、柠檬汁、辣椒油等勾兑而成。——译者

那位优雅的节目主持人，她在香港是一位家喻户晓的名人，穿着银色高跟鞋四处游荡。她的表情冷若冰霜，摆出一副哀伤的样子，大约与法属圭亚那首任殖民官埃特雷海军上将当年悟到他莅临的国度并非理想中的黄金国时的表情差不多。是沃尔特·罗利爵士[1]在他起错书名的《发现宽广、富饶、美丽的圭亚那帝国》（此书首版于1595年在伦敦发行）中误导埃特雷海军上将，使他如此企盼的。

　　根据一项交流协议，美国国家航空航天局的10位火箭工程师从佛罗里达飞来。他们在空间探索领域内处于领先地位，所以有一种心理负担，处处留意要给主人留面子，却只字不提自己的研究机构取得的成就，有多少研究基金。他们始终在交往中摆出彬彬有礼的谦虚态度，令人想起皇室成员访问贫民区时的言行举止。他们不遗余力地称赞欧洲同行最平凡的成就，如建起加油站或安装了空调。这些以屈尊态度说出的溢美之词令法国人听了心里很受用，他们也对自己的丰功伟绩坚信不疑，虽然也许略微感到有一点羞涩。

　　主人将我们全部安排在亚特兰蒂斯旅馆里住。虽然是新建的，旅馆却已遭到热带霉菌和丛林中动物的侵袭。欢跳的黄色蜥蜴在旅馆的地板上跑来跑去，夜里回到房间时客人常常会遇到一

1　Sir Walter Ralegh（1552—1618），16世纪英国著名的旅行家、作家，女王伊丽莎白一世的宠臣，曾几次从英国去美洲海岸探险，后被斩首。——译者

只肌肉发达、身上毛茸茸的蜘蛛一动不动地趴在冰箱上方的墙壁上。一个克里奥尔维修工来处理这一复杂局面，他拿一张卷起来的报纸果断地拍死了这个怪物，不免在墙上留下一块棕色的斑痕，以此纪念它曾到此一游。他把它的尸体从阳台扔下去，然后十分真诚地祝愿客人晚安。

库鲁是一个位于航天中心旁边，专为航天事业兴建的城镇，却并不比这家耸立在它的边缘地带的旅馆好多少。它使人想到印度的昌迪加尔和巴西的巴西利亚，想到要与那两个城市比较。那两个城市也留下现代建筑的鲜明印记，建设时却根本不曾留意背景和文化方面的问题。虽然才建好几十年，库鲁已经濒临土崩瓦解。人工湖畔，无人坐过的木椅在日晒雨淋中烂掉。挖掘这个人工湖的意图本是为下午散步的人提供一个稍微歇息一会儿的坐处，实际上，热带地区的人们从未想过要出来散步。房子的混凝土外墙早已在潮湿空气中变形，从4月到7月，这里一星期里的降雨与法国北方一年的降雨一般多。

4

不过，进入航天中心厚重的大门后，来访者发现形势有所改观。整洁的房屋用于装配卫星、安装"阿丽亚娜"火箭助推器、储存火箭推进剂。这些房屋分布在大片沼泽和丛林中，来访者看过会产生反差。或许他们一走出生产火箭喷管激发器的厂房便会

立即置身于雨林之中，那里栖息着圆耳朵蝙蝠和白眼长尾鹦鹉。他们再向前走便是动力装置生产区，走廊里摆着一排"依云"牌饮水机。

抵达的第一天清早，我们便驱车前往一个比兰斯[1]大教堂小不了多少的机棚，在那儿我第一次看到人造卫星。卫星放在机棚中间一个台子上，沐浴在强烈的白光中，一群穿白大褂和拖鞋、戴发网的工程师正在围着它转。他们在往卫星的储箱里添加燃料，为电池充电，测试它的转发器。考虑到把物体携入空间的花费，它的体积根本不算大，只是一个高4米宽2米的匣子，两侧各有一块14米长的太阳能电池板，顶上有一只反射碟。卫星内部有一部电动机，几部用来抵消太阳风影响的推进器。还有12个130瓦的播放频道，借此将日本卫星放送网电视节目的电子轨迹发送出去。

他们容许我们走到卫星旁，但是必须按照规矩消毒，其程序与进入手术室相似。虽然这部机器十分强大，它也非常敏感。它将以每秒3.07公里的速度飞行，倘若这时有一根人的毛发落入一部转发器中便会形成引发灾难的电磁能场，而一块油性的手指印会使太阳能电池板出现裂纹。这颗卫星就像前线的士兵一样脆弱，读一本儿童读物也会使他落泪。公平地说，只是在外层空间的怪异状态中它才变得脆弱易损，强烈的紫外线和群集的氧原子会在

1　Reims，法国东北部城市。——译者

142.

此种温度变化极大（从阳光照射下的摄氏 200 度到地球阴影里的负 200 度）的电气系统中乘虚而入，使卫星不十分洁净、未受到甲壳似的金色聚亚胺薄膜保护的那一部分破裂。

　　卫星置于高台上，表面发出粉红色的光芒，各个舱室均打开，露出密集的线路。整部机器由不为人所知的材料苯均四酸制成，看起来像天下最稀奇古怪，最不可思议的东西。实际上它由地球初始便已存在的物质组成，所有的物质（至少以其本原形式）当时均已匿形于海洋和山峦的化学结构之中。人类苦思冥想，终于开发出地球上的原材料，将其重新配置，作为一件巧夺天工的礼物奉献给太空。

5

　　看着一群头上戴着发网的工程师参与卫星发射前的准备工作，我想到如今科学工作者的自我受到何等束缚，遭到何种抹杀。个人的荣耀没有机会在这儿展示，也不会有人为他们写传记，以他们的大名命名街道，让后人记住他们。这只是一项集体事业，个人，甚至某一商业和学术组织也无法独占鳌头。

　　天才人物在观测站和工作室里孤军奋战，改写科学史的日子已一去不复返。我们已进入携手开展实验的时代，天体物理学家和航天工程师协同作战，花费十几年时间攻克一些较次要的难题，他们不容许媒体把其中某人捧为当代伽利略。一家公司或许仅仅

144.

致力于不断改进银锌电池在失重状态中的性能，因为它意识到扩展工作范围、企图解决其他卫星电学难题是愚蠢的。一位科学家可能会花去毕生精力探究高温状态下钛的性质或氢气在引擎点火那一瞬间的状况。然而，一个人对人类的全部贡献可能在某一期《高级推进方法》刊物中便完全可以阐明。

日本卫星放送网的这颗新卫星具有一些技术特性，是米兰理工学院的一些科学家在20世纪80年代研究开发的。他们在调查通讯卫星电磁波谱上游的作用时，在低层云和雾雨形成的干扰区附近找到一条通道，位于微波频率高于10千兆赫之处。当时他们的工作进展缓慢，并未给人留下深刻印象。1/4世纪过去了，这一发现使日本观众得以在雨季倾盆大雨之时欣赏未经剪辑的动画片《太空牛仔》。

随着天才时代的逝去，人们也失去了情调和生动的细节。不过我们这个发挥集体才智的时代也自有其更了不起却又令人心安的特点，这意味着对行星的探讨再也不必碰运气，受约翰内斯·开普勒[1]的妻子芭芭拉的心情好坏左右，或是取决于开普勒的赞助人鲁道夫二世[2]的好恶。不过这位德国天文学家像许多天才人物一样，至少其大名已成为库鲁航天城里一条令人沮丧的街道名。

1　Johannes Kepler（1571—1630），德国天文学家、行星运动定律的发现者。——译者

2　Emperor Rudolf II（1552—1612），神圣罗马帝国皇帝，也是开普勒天文研究的赞助者。——译者

那儿是一块长方形的废弃土地，一边是一家干洗店，另一端有一家破旧不堪的网吧。从今以后，科学发现的拥戴者们或许不会继续如此大度。

6

乘车穿过丛林，我们没走多远便看到两只30米高的助推火箭正在做倒计时准备。火箭体上绘着提供资金支持的欧洲国家的国旗，精巧的锥形部分将把卫星推入飞行的第一阶段。这些锥形部分实际上不是发动机，而是炸弹。它们没有控制阀门，不论当时情势如何，一旦点火便只能听任它们释放出所有能量，使所有听到爆炸声的人肃然起敬。

蒂耶里·普鲁东博士将要指挥发射，他在图卢兹[1]的国家航空航天工程学院获得烟火制造技术学位，已同全家一起在法属圭亚那生活了3年。他40出头，身材保持得很好。人类总是会做蠢事、荒诞的事，相比之下，他似乎是天下最通情达理、不受个人情感左右、庄严肃穆的人，也从未受到失眠或神经病患者特有的焦虑侵扰。发射这天，他负责点燃500吨高氯酸盐合成燃料。它只能燃烧130秒钟，却足以在此期间内将52米高的"阿丽亚娜"运载火箭发射到150公里的高空中，产生1 100吨的推力，伴随

---

1 Toulouse，法国南部城市。——译者

146.

而来的轰鸣声在与巴西交界处都听得到。巨大的能量耗尽后，助推器会与主体脱离，溅落到大西洋中。一艘法国海军驱逐舰守候在那儿，准备回收。

那位香港电视主持人提出一个问题，她的话有些煽情的意味。普鲁东博士听完停顿了一会儿，考虑什么东西会"出问题"。他回答这个问题时非常严肃认真，那副架势活像一位化学教师对一群容易激动的小学生讲解使用煤气灯时将会遇到何种危险。他解释道，如果推进剂混合不当，留下气隙，它会在易燃物质表面突然形成堆积，并增加废气。气隙完全具有撕裂火箭表层的力量，会引起爆炸，其短期破坏力与一个小型核装置的破坏力差不多。不过，他补充道，发射时发生这类事件的概率仅有 0.2%。他的本意是宽慰众人，结果却在无意间令他们失望。

那位主持人不知该如何重提这个重要话题，可又不愿就此打住，于是便问普鲁东博士，这种神秘的推进剂看起来像什么。有点儿类似牙膏？或是更像蛋糕粉？普鲁东博士拿灰绿色眼睛盯着她，根据自己对媒体该知道多少的判断回答她的问题。他自言自语，漫无边际地扯到历史上考古活动的精确性以及化学的一些冷僻分支，最后讲到这种糊剂中含有高氯酸盐（69.6%）、铝（16%）、HTPB 聚合物（12.04%）、环氧固化剂（1.96%），以及铁氧化物催化剂（0.4%）。

并未到此为止，普鲁东博士接着说明助推火箭只是推进技术的一部分，而且还不是最重要的部分。火箭主体部分另装有一部

液体氢氧发动机，帮助它完成太空之旅。这是工程技术中的极品，名为"伍尔坎"，由罗马神话中火与铁之神的名字而来，是法语念法。它的生产历史已有 30 年之久，以具有超凡能力著称。它可将反应非常灵敏、可加压的火箭推进剂分别安全储藏在两个毗邻的燃料箱里，不让它们过早融合，而且将它们的温度分别维持在凝结状态（氢的凝固温度是零下 251 度，氧的凝固温度是零下 184 度），此时它们彼此相隔仅有 50 厘米之遥。人们以每秒 600 升的速度用涡轮增压泵把它们注入燃烧室中，此时燃烧室内的温度是摄氏 1 500 度。对于那些不满足于仅仅像记者们那样粗略了解情况的人士而言，关于"伍尔坎"的趣事何止成百上千。不过普鲁东博士希望我们能就此打住，他就这样冷冷地结束介绍。原来他已同家人约好要马上回到库鲁的家中去，他与太太计划带孩子们下午出游，去看马罗尼河里刚刚孵出的小乌龟学游泳。

这位烟火工程师并不因为自己大权在握便显得激动。他所支配的力量几乎超过历史上所有统治者，比方说，18 世纪中国的乾隆皇帝与他相比不过是一只纸老虎，虽然这位皇帝的军队曾平定维吾尔人和准噶尔蒙古人的部落。普鲁东博士的力量与无节制的逞威相反，那是科学家循规蹈矩，镇静自若的权威，他绝不至于无缘无故地大发雷霆。在这个穿白大褂的人的内心深处一定也残留着想统治别人，大叫大嚷，发号施令，骂人打人的冲动，不过这些本能被仔细掩藏起来，被实验室里审慎的工作条例束缚着。现代社会无所不能，而且并不大事张扬。

150.

7

　　卫星以及它的运载火箭固然是实实在在的成就，但它们也是，而且首先是人的观念更新的产物。

　　艾萨克·牛顿（库鲁唯一的旅行社便设在以他的名字命名的街上）是首先为发射火箭提供理论依据的人。当时他推测，如果能把一颗炮弹从极高处高速射向一座耸入云霄的高山之巅，它便会沿着一定的轨道围绕地球运行，因为万有引力会将它向下拉。其速度与地球旋转远离它而去的速度相同。这个英国人的想法以及化学、物理学的发现最终成为科学探索的成果，使欧洲人渐渐将从前漫长黑暗的魔法巫术时代与科学时代在他们的观念中区分开来。

　　距离准备发射火箭之处400公里之遥，在与巴西交界的雨林里曾经生活着韦韦印第安人。这个部落里的大多数人早已离开丛林，迁入城镇或政府资助的营地里生活。其中一些人住在库鲁，他们在欧洲广场那儿开餐馆，专营受到欢迎的韦韦外卖。那些依旧生活在荒野之中的韦韦印第安人仍保留着对宇宙的原始看法，其体系与前科学时代西方人的观念相仿。

　　从神话故事中，韦韦印第安人设法理解行星的运动，季节的循环，动物的行为和植物的特性，并未想到要进行精确观察或独立思考。知识没有发展的余地，时间则是静止不动的。传统不能改变或探究，只有不可冒犯的长老和懂得医药的人才了解传统。

韦韦印第安人使自己置身于他们看到的一切事物之中。为什么月亮在傍晚时分会呈现出奇特的深红色？那是因为部落里有人萌生歹意，明天有人可能会流血。为什么不下雨？因为有人在打猎时激怒了生活在云里，朝地上啐出吐沫的一群蟒蛇。天空是什么？是一口架在3块石头上的陶土锅。

　　在韦韦印第安人的观念里，人类不能直接影响世界，必须要求，准确地说是乞求司掌其职的神灵代劳。在热得喘不过气来的日子里，人必须注意不要伤害貘，因为风受一只躲在天上的巨大的貘操纵，它负责扇动一片硕大的棕榈叶，送来微风。如果人想让太阳出来，他必须戴上用巨嘴鸟的羽毛制成的头环，吹倒一根上面刻着蟒蛇的长管子，以此取悦那神圣的天体，让它升入天空。

　　那些现在正置身于丛林边缘的厂房，忙于添加燃料、装填火箭的科学家们却早已不做如是想。他们均已获得博士学位，研究方向是搅拌釜水动力学数值分析和聚合物添加剂对湍流管的减阻作用。他们把宇宙视为一个有序、逻辑的机器，这部机器像一只没有情感的时钟，并不理会人们犯有罪孽或是道德高尚。人们可以借助理性拆卸这只钟，将它变为可以想见的东西，却不必祈求免受诅咒。

　　不过并非人人都是科学家，作为门外汉观察火箭装配厂房、凝视那足足有九层楼高的固体推进火箭像针一般刺入苍穹，他会觉得，正是一种最不可思议的方法，使得一部与超自然联想仍有瓜葛的装置研制成功。与科学相伴却又不懂科学，他不免会以类

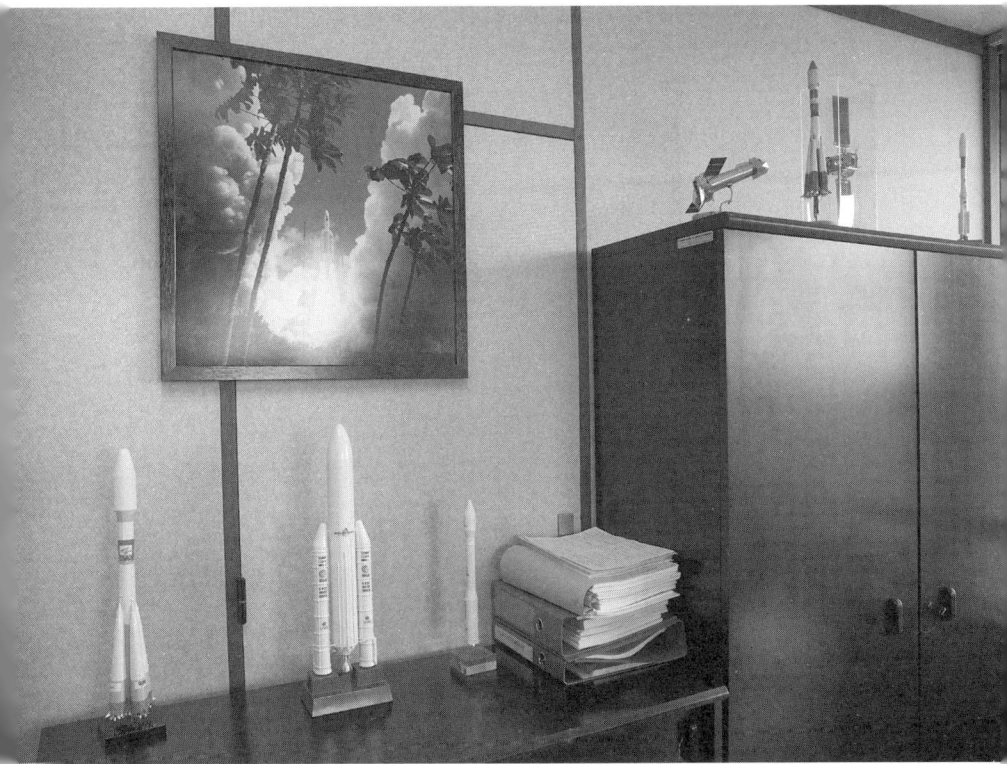

154.

似神秘的眼光看待机器，就像衣不遮体的韦韦印第安人看待宇宙间的事物那样。这些穿白大褂的老兄真是既有本事又傲慢无礼，仅仅凭借一点高氯酸铵合成剂他们就成功地让人产生神秘的敬畏感。

8

　　预定的发射时间快到了，一种紧张不安的感觉，注定会发生什么事的预感弥散开来。天空呈紫灰色，风奇怪地静止了。在库鲁，法国电信公司的一辆货车在诺贝尔大道与特雷萨嬷嬷街交汇处与一部汽车相撞。在亚特兰蒂斯旅馆里，蜥蜴大举出动。

　　这里的天气复杂多变，成为科学家们特别关注的事情。几乎每天下午都有雷电交加的暴风雨，云层厚达 18 公里，而通常在北欧上空最厚的云层不过只有 8 公里。火箭高速穿过这一大团云层时，可能会在它的飞行路线上引发闪电。此外，此地的高空大气风动举世闻名，这意味着即使地面一丝风也没有，一片执在貘掌心的棕榈叶也会搅得狂风大作，使火箭偏离航线进入会引发灾难的错误轨迹。

　　傍晚 8 点，距发射还有 1 小时，我们在武装人员的护卫下在夜色中乘车来到丛林里的一处观测点，这里距离火箭点火处仅有 3 公里。我们站在一块凸起的开阔地上，从那儿可以清晰地看到发射台。大家都不愿多说话。

156.

　　科技领域里有一些极端环境，它们总是会使人乐于倾听伤感的安全事宜说明。这类说明先是透露危险程度，接着便会暴露应急措施不足。巴黎消防队在这个航天中心设有一个分支机构，一位精英队员过来为我们讲解。这位消防队员说，处于这一距离，发生故障的火箭不用 1 秒钟便会飞到我们头顶上。虽然前景令人绝望，他还是拿出黄色防毒面具分发给大家，要我们把它系在头上，保证呼吸软管随时能够使用。除非发生紧急情况，就让它挂在那儿。虽然消防队员已做过说明，没过几分钟，那位一向留意要让科学融入生活的香港电视节目主持人便从盒里取出一只摄影师的面罩，让它挂在脸上。她捂着脑袋对着摄像机镜头来了一番独白，向她的观众概述她如何身处险境，而此刻她自己的防毒面具却塞在一只带穗饰的"巴黎世家"手提包里。

　　人们为我们竖起一面屏幕，现场直播控制室里的情形。有 30 人在终端掌控"阿丽亚娜"火箭的关键部件。已去看过小乌龟的普鲁东博士也坐在桌边，面无表情地盯着那一排屏幕。似乎是要叫这些人明白没有他们也行，向东几公里处还有一个同样的控制室，那里也有 30 个接受过同样训练的人，准备当运载火箭发射发生故障，他们的同事被烧成灰烬时立即接手指挥。

　　"阿丽亚娜"在潮湿的夜空中矗立在发射台上，一组弧光灯将它照得光彩夺目，云朵般密集的热带昆虫狂乱地在灯光里飞舞。在丛林深处，貒猪、蜘蛛猴、巨大的食蚁兽和角雕在活动。而在这个令人难以想象、装有空调的牛顿式文明前哨里，有一样东西

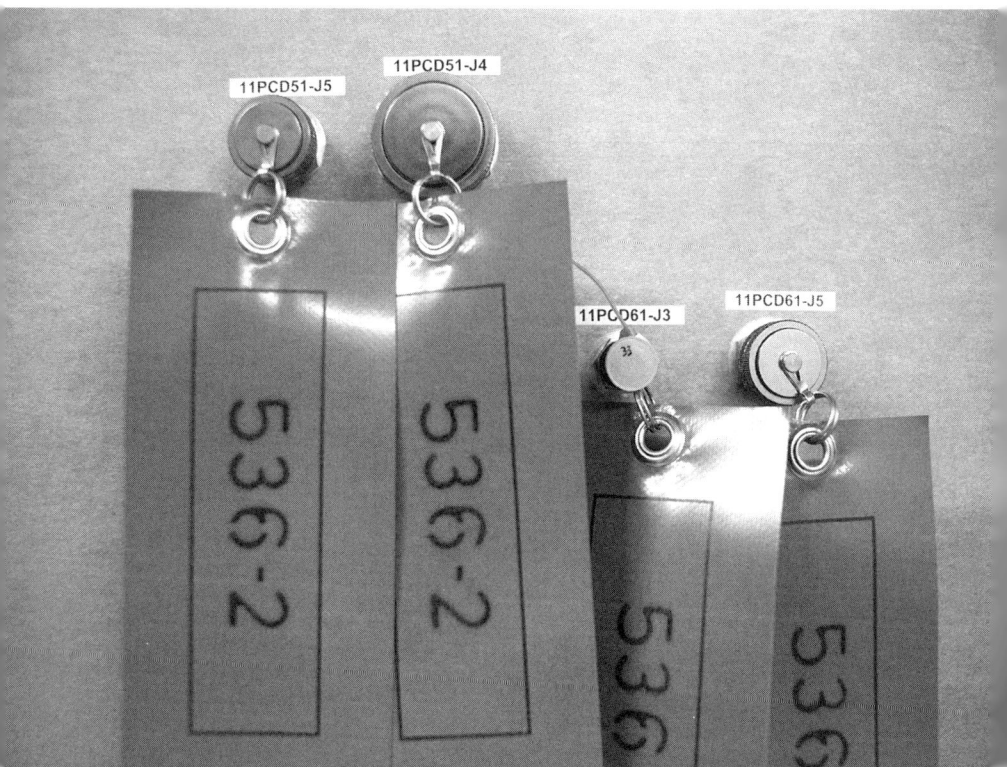

正在准备飞离地球。在延伸至西非海岸的弧形区域内，所有船只和飞机都已避开。通过一条黑色粗脐带，"阿丽亚娜"的发动机最后一次吸入氧气。每一个人都已从这一区域疏散。此刻，人们不免会产生一种忧伤之情，类似目送远洋轮船驶离海港去远航的心情，或者类似将逝者的棺材放入墓穴时的感受。

火箭离地升空前30秒钟，扩音器里响起普鲁东博士的声音。那只貘似乎已容许人们继续行动，多年来的辛勤努力将凝结在顷刻间迸发。时间曾在许许多多的午后漫无目标、懒散地逝去，如今终于令我们感受到它的意义。还有10秒钟，像一位典狱长释放囚犯那样，普鲁东博士扭动一串钥匙、启动倒计时。如今，事情无论如何再也无法平静地收场。10、9、8、7，脱离……[1] 在电影上看惯了卡纳维拉尔角[2]的火箭发射，人们早已形成难以磨灭的印象，现在听到用另一种语言发出的一串指令，不免会产生怪异的感觉。数到5，传来沉闷的响声，像炮弹出膛，接着人们便看到第一缕烟从发射台底部升起。数到3，白浪般的浓烟已笼罩发射台底座。就在此刻，火箭无声无息地脱离发射台起飞了。

1秒钟后，声响传到这里，大家意识到这是我们听到过最大的响声，当然比雷鸣、喷气飞机、采石场的爆破声更响。几千万

---

1 原文是法文 Dix, neuf, huit, sept, retrait des ombilicaux...——译者
2 卡纳维拉尔角位于美国佛罗里达半岛东海岸中部，附近有肯尼迪航天中心和卡纳维拉尔空军基地，美国的航天飞机都从这两个地方发射升空，卡纳维拉尔角已成为它们的代名词。——译者

年来积聚的太阳能在一刹那释放出来，我们意识到自己正置身于一个不会第二次遇到并且无法用言语描述的重大事件之中。使这一场面更具有戏剧性的是，我们十分惧怕，不知道接下来会发生什么事情，因为这一剧烈动作似乎极有可能带来非理性的流血结局，虽然在事后的记述中，大家准会避而不谈当时的恐惧感受。

火箭升空了，大家都松了一口气，"啊——"。那便是最天真的惊叹词，未加粉饰、质朴无华。一时间，我们似乎都忘记了自身的存在，也忘记了接受过的教育、礼仪和想挖苦人的感觉，只是目送那优美如一根标枪似的火箭升入南方的太空。

还有光亮，那是炸弹制造者的调色板上一种色泽最最丰富的橙色。火箭在苍穹中变成一个巨大的正在燃烧的灯泡，它的光亮如同白昼，使大家看到海滩、库鲁城、丛林、航天中心的建筑以及我们这些大惊失色的旁观者的面孔。

这次发射似乎有无数种象征性解读方法。看起来这不过只是用一根管子将一颗亚洲电视卫星送入了轨道，但是，根据个人的不同想法（而且也没有什么力量能阻止这举想法），这也是精灵、耶和华和圣三位一体，或是韦韦印第安人观念中万能的造物主马瓦里的化身。发射场景令人想起《旧约》中先知们提到的烟与火的片段，他们以此令听众们在上帝的威严面前战栗。不过上帝的现代形象是由最世俗并且与基督教毫无联系的机器制造出来的。科学教会我们如何使神灵相形见绌。

火箭穿过云层消失了，但是人们仍听得到在天际、大地和丛

林里回荡，却不知从哪里传来的轰鸣声。后来，透过云的间隙它又一次现身，比所有的飞机都飞得高，已变为一个火红的小点。几天前，我在一间房子里看到的那颗人造卫星现在已经飞到大气层上方。火箭助推器已经在飞行途中抛出，它系在降落伞上坠落，现在已处于往非洲降落的半途中。

我们这里又奇怪地安静下来。人们听得到一股自然风穿过树林，以后又传来一只猴子的叫声。我的嘴巴很干，随即意识到自己的左手仍举在空中，保持着刚才骚动开始时的姿势。附近一所帐篷里已摆好几排椅子，有两个人在那里低声用法语交谈。一个留着披肩长发、清纯美貌的年轻女人正在向她的朋友解释卫星如何进入最终的轨道。她穿着一件白棉布裙子，上面缀有小朵圆叶风铃草。她用一只膝盖代表地球，用一根细长的指头划出卫星的轨迹。她热切地向朋友说明运载火箭并不像人们所想的那样全程将卫星送到目的地，它的任务只是把卫星送入距地面 250 公里之遥的大气层中，即人们所说的喷射点。从那里开始，卫星依靠自己的发动机再飞行 10 天才能到达轨道，位于日本上空 36 000 公里处。它必须先在一些较低的轨道上画出椭圆的古怪形状来（她在自己裙子上画出图样），以后才能获得足够力量画出一个完满的圆圈（她又在左膝盖上画了一个圈）。她这一番关于卫星发射科学的讲解太复杂，我无法听到末尾，况且现场气氛紧张，使人分心，最终令我走入夜幕中去。

对火箭的操纵权现在已从库鲁航天城的工程师们手中转出，

遍布地球各处的跟踪站已接管，甚至所在国家的居民也不知道这些跟踪站的存在。第一个跟踪站设在大西洋中部的阿森松岛上，一位技术人员1个月前乘船从法国来到此地，孤零零地待在一座小房子里，他的唯一任务是在助推器喷射后的那4分钟内跟踪"阿丽亚娜"火箭的踪迹。此后这一任务便转到另一个同样孤独的跟踪站里，它位于加蓬利伯维尔以北某地，接下来再移交给坐落在肯尼亚马林迪的一个跟踪站。这一链条的最后一站是澳大利亚西部沙漠里的一座灯塔，它与世隔绝，我几乎无法描述那里有多么孤寂。

9

人们在库鲁航天城一家海滨餐馆里举行庆祝发射成功的聚会，餐厅的墙上贴着"阿丽亚娜"火箭和它的卫星的照片。摆上的自助餐有山羊肉、八爪鱼和堆成火箭形状的烤虾，像一座塔。

在地球的另一边，现在已是第二天。发射后仅仅过去27分钟，火箭发动机的第一级已在那里脱落。"阿丽亚娜"火箭的头锥体被抛出去，让卫星依靠自己的动力飞行。

我们这一群人显得很兴奋，甚至兴高采烈。日本高管们一个个轮番轻轻拥抱穿白衬衣的空间开发署主任，美国国家航空航天局的人喝开了啤酒，负责火箭动力的那班人则打开了几瓶波尔多葡萄酒。我分享他们的激动。我们那支优美的白矛刚刚穿越外层空间，而在地球过去的45亿年历史上，很少有物体从那里经过。

164.

（在罗马帝国时代那里一定安静极啦；在中世纪，250公里以上的空间也是万籁俱寂，太平无事。）那些工程师们懂得如何让我们的机器在人类根本无法居住的地方安家，天空中很快便会再出现一只盯着我们的眼睛。我不禁想到瓦尔特·惠特曼在《草叶集》中讴歌的"印度之旅"，惠特曼想象自己在高空中俯瞰大地、人类的业绩和自然界，但是只有现代的卫星才能真正实现这种理想。

　　我看见，跨越我自己的大陆，那征服每一个障碍的太平洋铁路，
　　我看见接连不断的一列列车辆运载货物和旅客沿着普拉特河蜿蜒前进，
　　我听见火车头咆哮着飞奔，汽笛在尖叫，
　　我听见回声，震颤着穿越世界上最壮丽的风景，
　　我横过拉腊米平原，我注意到种种奇形怪状的岩石，小小的山岗，
　　我看见茂盛的飞燕草和野生的洋葱头，以及荒瘠而苍白的长着鼠尾草的沙漠……[1]

　　如今，置身于南美洲丛林边一个灯火辉煌的屋子里，手里端着一杯巴西出产的朗姆酒，我不再那么悲观、多疑。看来有些话顺口说来倒也容易，诸如太阳底下无新事啦，物质生活的进步必

1　引自楚图南、李野光翻译，人民文学出版社1987年版的《草叶集》。——译者

定会被精神生活的退化抵消啦，手持梭镖的祖先同我们一样聪明能干啦，理性思维的发展带来的不过只是悲剧啦，等等。这些说法有没有考虑到"阿丽亚娜"火箭升空时的雄姿？它们是否认可它无懈可击的液压系统？最重要的是，这些陈词滥调不正是暴露出一个败下阵来，缺乏想象力的阶级的怨恨心理吗？我觉得自己的立场已转到身边的工程师和技术人员这一边来，而且喜欢他们直白的幽默。他们常常戴着棒球帽，是摆弄机器的一代新人，却掌握了宇宙运动的规律。他们真是了不起的人！他们使人们大开眼界！

唯一情绪平静如常的人便是那位香港电视主持人，她闷闷不乐地坐在桌旁，将盘里的虾拨来拨去。她无力地微笑着说发射令人失望，还说她已开始自己的倒计时，盼着回到俯瞰维多利亚港的公寓里去。她唯我独尊的意识受到伤害，大概因此感到不快。唯一使她愉快的话题似乎是蚊子。虽然别人讲述挨蚊子叮咬的故事如同复述做过的梦一般乏味，她却大肆详谈如何在发射时被蚊子吞噬，还把脚踝亮出来给大家瞧，试图借如此多的小生物对她发生兴趣最终证明她的魅力锐不可当。那时我才意识到，真有人会吃一枚火箭的醋。

10

吃过一点炖山羊肉和甘薯后，我来到室外的一张桌子旁。天空中繁星点点，不可胜数，好像闪烁的发光物体被人毫不怜惜地

166.

散布在一条黑缎子上。几千年来，唯有大自然以及它所谓的造物主能使人产生敬畏之心。高山上终年不会消融的冰雪、沙漠、火山和冰川使我们感受到自己能力极其有限，而且引发一种恐惧和崇敬交织在一起的情感，最终融为令人愉悦的莫名谦逊，那也就是 18 世纪哲学家们昭示为"崇高"的那种情感。

后来发生了变化，我们仍受其影响，而"阿丽亚娜"火箭便是这一变化的范例。在 19 世纪，能使人感受到崇高情感的决定性因素已不再是自然界。我们已全然沉浸于技术崇高的时代里，最有力地唤起敬畏感的不再是森林或冰山，而是超大型计算机、火箭和粒子加速器。我们几乎只对自己感到惊愕不已。

与此同时，自然已成为关注和怜悯的对象，像从前的某一敌人刚刚来到我们门口便流血而死。自然景观不再是所有比人类优越的事物的象征，它在各处都留下我们率性而为的蛮力疤痕。我们仰望乞力马扎罗山上渐渐消失的雪，反思涡轮机带来的不利影响。我们可以飞越亚马孙河沿岸裸露的土地，觉察到这片雨林已不那么生机勃勃，却像我们手里的一朵花那样脆弱。我们已学会尊崇电路板，却对冰川抱有怜悯之心，内疚之意。

11

我原计划搭一位工程师的便车回亚特兰蒂斯旅馆去，他就住在附近。却不曾料到，待到凌晨 1 点钟，他戴上一顶纸帽子，同

168.

一个巴西女招待跳起舞来。于是我只得独自往回走。

库鲁航天城的街道向来不很吸引人，这天深夜尤其显得乏味而又凶险。店铺都关着门，几乎都没有灯光。韦韦印第安人开的餐馆被警方的警戒线圈起来，因为这里前一天曾遭到抢劫，是越过边界，由苏里南来的一伙人干的。

出乎意料，我陷入特别忧郁的心境。或许这是因为我认识到，使"阿丽亚娜"火箭发射成功的科研成果中没有几项可以用于人们的日常生活，因此生活必将像以往那样继续，成为人类险恶用心、万有引力以及忧伤的牺牲品，正如从前住在山洞里的祖先们所经历过的。我们的身体会化为齑粉，我们的计划会偏离正道，我们会受到残忍、贪欲和愚蠢行为的侵袭。我们只是偶尔能够占据有利地位，再度与这些伟大的机器体现出的速度、优雅、尊严和睿智接触。

我敏锐地感觉到，为适应现代性，人们需要做出痛苦的心理调整，需要做戏似的对科学能够赋予的东西表示敬意，同时又必须意识到它带来的好处令人困惑，适用范围非常有限。我受到一种诱惑，希望人类的一切活动都具有工程技术才具有的那种激奋和严谨，同时又看到有些人受到技术进步的过分激励，对于一直固执地侵扰我们的更低劣的错误和谬悖，他们居然荒唐地视而不见。

12

第二天是我在法属圭亚那的最后一天。为了消磨搭乘晚班飞机前的时光，我在首府卡宴游览一番，最后来到这个国家的主要博物馆。这是一座正在修葺中的克里奥尔人的锡顶传统房屋，里面塞满长矛、殖民时期的人物肖像和泡在罐子里的蛇。

里屋墙上挂着描绘这个国家的居民在不同历史时期辛勤劳作的绘画。第一幅画的是一家人穿着兽皮在剥水果皮，第二幅独木舟上的几个渔民靠着船舷无精打采地凝视着什么，第三幅画的是一群奴隶放火烧种植园里的一幢房子。最后一幅比前面这些绘画大1倍，用诱人的彩色绘制，画面上是5个穿工作服的工程师在航天城的厂房里伺弄卫星的电缆线。其中的寓意显而易见：法属圭亚那已经克服从前可耻的劳作方式，正在迈向科学主导的神圣未来。

不过我仰望这些火箭工程师和技工时仍觉得困惑，就像我们的祖先从前崇拜他们的神灵那样。与夜空和群山相比，这些专业人士显得不很像令人不解的崇拜对象。虽然近代科学发达之前的时代存在种种缺憾，至少那时人们内心宁静，明白人类取得的成就与宇宙间壮丽多姿的万物不可同日而语。我们有幸能造出精巧装置，却在观念上不甚谦逊，因此不免总与妒忌、焦虑、傲慢的情感为伍，其原因是我们心中已不再有崇拜对象，却代之以另一些聪明、缜密，但目光短浅、精神迷茫的人类。

13

　　我回到家中。1个多星期以后，洛克希德·马丁公司的卫星成功进入轨道，与其他数百颗卫星一起绕地球运行。它将日本卫星放送网的节目图像发射到全日本，夜空晴朗时那里的人们看得到它，像太空中一颗真正的星。

第六章
绘画艺术

1

2 年来，斯蒂芬·泰勒花费很多时间待在东英吉利的一块麦田里，一遍遍地描摹不同光线，不同天气条件下的同一棵橡树。去年冬天他曾为此待在 2 英尺厚的积雪里，今年夏天他凌晨 3 点便起身。他躺在地上，借助皎洁的月光画这棵树上的枝桠。

夏日里，这位不知名的中年艺术家通常在早上 7 点便把东西装上车，准备开工。他住在科尔切斯特城中心一座破败的房子里，这个小城有 10 000 人，位于伦敦东北 90 公里处。他的雪铁龙车上凹痕遍布，早已破旧不堪，仿佛已获得免疫力，不会再受时光的侵蚀，反倒会永垂不朽。它好像刚刚与另一辆车子迎面相撞过，车子后座上一片狼藉，乱摊着画布、画架、一罐喷雾驱虫剂、一张凳子、已经不很新鲜的三明治、一袋子画笔、装满颜料的塑料袋、一盒调色刀。还有一只衣箱，里面乱塞着各种围巾和套衫。在室外绘画的人都听说过塞尚[1]的故事：有一天早晨，塞尚在普罗旺斯的埃克斯田野里画麻雀，受了凉，到太阳落山时便死去了。

顺着科尔切斯特城外的道路，泰勒穿越已被货仓和建筑工地

176.

破坏的田园。路上驾车上下班的人们大都没有耐心，一旦看到对方有一点点犹豫不决的迹象便发脾气。火车站附近，一棵古老的山楂树矗立在道路交叉处中央。它在道路筑成后居然活了下来，没有像同伴那样被人伐去。出城往西行驶 8 英里，泰勒离开大路驶上一条没有多少人走的乡间小道。葱翠、齐腰高的草时而在眼前起伏，时而消失在车前的保险杠下，就像被梳子梳理过的头发。泰勒来到他通常泊车之处，在麦地里一小块空旷地上安营扎寨，距那棵树仅有 15 米之遥。

那棵橡树大约有 250 岁。遥想当年，早在简·奥斯丁 [2] 刚刚出世、美洲殖民地尚在英王乔治三世统治之下时，云雀和八哥已在此筑窝建巢。

2

有些人看惯了挂在博物馆里的绘画作品，将其视为业已完成的，美轮美奂的艺术品。如今看到绘画时必需的这一大堆乱七八糟、脏兮兮的工具，他们不免会大吃一惊。泰勒的袋子里装着一百多种画笔，有猪鬃制的榛形笔、圆头貂毛笔、各种圆头画笔、

1　Cézanne（1839—1906），法国画家，后期印象画派的代表人物，对运用色彩、造型有创见，被称为"现代绘画之父"。——译者

2　Jane Austen（1775—1817），英国女作家，著有《傲慢与偏见》（1813）、《爱玛》（1816）等长篇小说，文风细腻。——译者

扇形笔、用合成材料制作的笔、剃须刷、自己利用塞门缝的织物
碎料粗制滥造的各种笔、油漆工用的刷子、柔软的日本水彩画笔、
被孩子用秃磨损的画笔、黑貂毫笔、专业写招牌的人用的笔，以
及定做的獾毛笔。

　　紧挨着这些笔，泰勒还摆放了两个超市里的购物袋，里面塞
满了同样品种繁多，扭得弯弯曲曲的一管管颜料。颜料和画笔是
他画画儿的基本材料。很难想象，画家就用这些看起来全然不搭
界的玩意儿、让它们配合起来，创作出了十分精巧的云雀，春天
里的翠绿树叶以及覆盖着青苔的枝干。在外行手中，它们只能是
一堆不成形的、稀糊糊的东西。如今画家驯服了它们，用它们绘
出大地和天空的景色。

　　终究有一天，人们不会再想到绘画作品的世俗渊源。松节油
的气味，画家手指上暗红色的颜料印痕，褐黄色颜料在他的鞋子
上留下的斑点，调色板上黏腻的绿色和蓝色的污迹，这一切都会
荡然无存，只留下作品伫立在那儿。像一条新铺筑的乡间道路，
它们对自己成型时究竟使用何种原材料保持缄默。看着泰勒绘画，
我不禁想到，在欧洲美术史上，佩鲁吉诺[1]和曼特尼亚[2]仅仅是两

1　Perugino（1446—1523），意大利文艺复兴时期画家，因培养出拉斐尔
　　而声望卓著。他的作品《圣母与圣徒》《女士肖像》和《圣家族》奠定了
　　人体绘画艺术的走向。——译者
2　Mantegna（1431—1506），意大利文艺复兴初斯巴杜亚派画家，开创
　　仰视透视法及天顶画装饰画风，主要作品有《恺撒的胜利》《婚礼厅》
　　等。——译者

个高高在上的人名字，他们当年亦是有血有肉的凡夫俗子。他们
用顶端绑上猪鬃的小棍蘸着颜料在木板或画布上涂抹，傍晚收工
时离开画室回家去，指甲被染成白色。那正是他们刚才用来描绘
婴儿时代基督头顶上祥云的色彩，像朵朵纤细的棉花，祥和永恒
地飘浮着。

3

　　泰勒开始描绘一棵树左侧较低的枝桠，1 星期以前他已开始
这一习作。他用拇指和食指捏着一支黑貂毫笔，不时用笔尖蘸一
下用绛红和褐黄色调而成的油彩。从远处看，油彩凝结后惟妙
惟肖地表现出正午阳光下的一片树叶。两只鹰在高空中掠过田野，
伺机捕猎在麦田里活动的兔子。

　　当地中产阶级家庭的女孩儿常常会骑马沿着这棵树旁的小路
而来，遇到这位不修边幅的艺术家在画架边忙碌，她们往往会躲
开不瞧他。作为一种补偿，有一位在此地徘徊的流浪汉总是会冲
他点点头，表示同情。此人用一根绳子系着裤子，充满激情地大
叫大嚷，用猥亵的词儿大骂一个 10 年前便已解体的政府。

　　泰勒是 5 年前与此树邂逅的，当时他的女友刚刚去世不久，
他来乡间散步。途中，背靠这棵树休息一会儿后，他陷入沉思遐
想。这时，他抬头看见树，立即产生一种无法抑制的冲动，他觉
得这棵普通的树在渴求被人画出来。如果能做这件事，虽然他说

在 1 000 英尺高度的滑翔机上看到的那棵树

不清究竟应该怎样做，这一生便算没有虚度，生活的辛酸也会得到升华。

　　绘画时泰勒经常忘记吃饭。这时，他只是一个大脑和一只在画布上移动的手。他沉溺于调颜料这个动作之中，对照实物查看颜色是否合适，再把它涂在预定的格子里，这时未来和过去均已消失。一条虫子能安然爬过他的手背，或在他的耳朵、脖子上暂住下来。不再有早上 10 点，不再有 7 月，他面前只有那棵树，天上的云朵，慢吞吞穿过天空的太阳，以及一根树枝与另一根树枝之间的小空隙。这些景物的细微变化以及如何使它们臻于完美可以使泰勒忙上一整天。

　　泰勒觉得自己应为事物以何种面貌呈现负责，这一念头使他苦恼。看到画麦田的颜料用得不当，或两块天空之间那条线令人不舒服，夜里他便不能入睡。绘画常常令他精神紧张、沉默寡言。人们常看到，他就这副样子在科尔切斯特的街道上漫步。他所关注的事情不易引起别人的同情，在一块不会使他获利的画布上错用某种颜料令他痛心疾首，却没有几个人打算为此表现得宽宏大量。

　　泰勒进步缓慢，他可以在画布上一块 20 厘米见方的面积上花费 5 个月时间。不过他的辛勤努力是 20 多年来养成的习惯。他曾花去 3 年时间，只是为了研究如何尽善尽美地表现小麦在风中摇曳，而想学会得心应手地使用色彩花费的时间更长。10 年前他会用至少 10 种有细微差别的绿色再现树叶的颜色，现在仅用 3

种。色彩不再那么复杂，他笔下的树叶却显得更厚重、艳丽，更富有生机。

泰勒是在博物馆的墙上找到老师的，那些故去的大师们皆是慷慨大度的老师，其中某一位常常会传授一些技巧和智慧给这个5 个世纪以后才出生的学生。在去画廊参观的普通人眼里，有些作品能带来愉悦感，却是无生命的。可是对于艺术家而言，它们则带来鲜活的启示。

教会泰勒画树叶的正是提香[1]的作品《蓝衣绅士》（1510），他曾在伦敦国家美术馆里这幅油画前驻足 100 多个小时。他关注的还不是整幅画，他对画上人物的面部并不特别感兴趣。他仔细观察的是人物的蓝色衣袖，更确切地说，是如何设法借助一片织物同时传达出凝重和轻快的感觉，虽然提香用的颜色种类少到无法再少。提香教会泰勒领悟少用技巧的益处，教他如何抵御阐明事物的诱惑，转而去暗示。一位画树的画师切不可仅仅关注每一片树叶，而是处于动态之中的整棵树。在提香的肖像画上，画整只衣袖仅用了 5 种蓝色，他的才能体现在仔细选择颜色、审慎地调和这几种颜色方面。左面的衣袖折痕处显得平实、凌虚，而右侧较高的折痕处却十分清晰地显现出一只胳膊，使欣赏这幅肖像画的人不禁以为自己能伸手探入画中，去拉住这只手臂。

1　Titian（1487—1576），意大利文艺复兴盛期威尼斯画派的代表性画家，有"现代油画之父"之誉。——译者

4

泰勒用他所能想到的，最最具有褒扬意味的词语盛赞提香在伟大的前辈画家中的地位，说这位大师能够以全新的目光审视一件衣服，好像他从来不知衣服为何物。

泰勒所理解的绘画之要义在于精确描绘。他说，天空从来不会简单地呈现蓝色。在画布顶端最接近太阳的区域，他采用群青色。随着画笔渐渐向大地移动，他会越来越多地添入蓝绿色。待到这与地平线呈 25 度角处，他便掺入少量镍黄色和绛红色。天地相接处则只剩下一层柔和的白色薄雾。

泰勒接受他对自己提出的有限挑战。在为展出 5 年来的画作而写的短文开篇处，他宣称："在成年后的大部分时间里，我致力于观察这个物质世界。在过去 10 年中，我特别感兴趣的是人面向和背对着太阳时光线的变化。"他的话有几分自卑，几分自大，却是对自己抱负的精当总结。

1 年前的 1 月，阴雨连绵，泰勒在那棵橡树下铺上防水布，花费 2 个星期躺在那里练习画树叶、树枝、青草、蚯蚓和其他各种昆虫。那年冬天总有 180 000 片叶子从那棵橡树上落下来，它们注定会被生活在树根周围数以亿计的细菌从容不迫地慢慢吞噬掉。泰勒画出那灰褐色的栖息地，跳虫、轮虫、线虫、蚯蚓、千足虫、伪蝎、鼻涕虫和蜗牛就生活在那里。他特别留意一颗橡子，一只雌性象鼻虫先在上面凿了一个洞，然后把幼虫产在里面，确

184.

保它的下一代能经由这个小小的出口爬出它们的保育室，进入一个更广袤的世界。

他仔细研究覆盖在一小块树皮上的地衣，与别处的地衣加以比较。了解到这是一种真菌后，他便深深地被它吸引住。这是一种生长在其他植被之上，却又不以它为食物的有机体。他观察一棵光果拉拉藤，这是一种高大的绿色植物，博物学家称之为八仙草。它的叶子顶端长着极小的钩子，上面涂着一层分泌出的泡沫。这种分泌物泡沫很多很黏糊。沫蝉幼虫在吸吮它的寄主汁液时，分泌泡沫是保护自己免遭捕食者攻击的策略。

泰勒觉得生物学的专门词汇很亲切，它们表现出一种关怀，展示的是一个崇尚细节的生物群落。在他看来，专业术语不仅未将人与自然界隔离开，反倒使人更贴近自然中最珍贵最特别的现象。

5

在一个热得出奇的夏日里，泰勒在临近傍晚时分来到田野里，打算通宵工作。

明月在附近的村庄西伯格霍尔特上空升起。泰勒曾花费四年半时间描摹这一风景，以后才转而去画那棵孤零零的树，它的前景更广阔。泰勒至今仍觉得不可思议的是，月亮在天空中现身那一瞬间很难确定。起初它隐身于远方城镇发出的光芒中，以

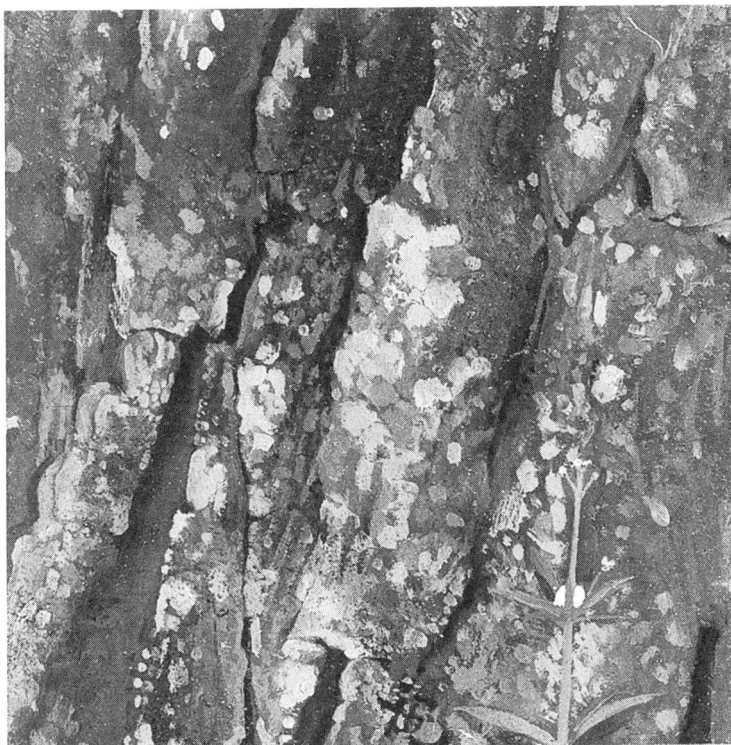

后从那儿悄悄潜入。开始它只是一个威力无穷的亮点，在远处一片树林上空放射出耀眼的光辉。它一边往上攀升，一边不断变换颜色，先是紫橙色，10分钟后带紫色的红晕渐渐消退。最后，它在愈发黑暗的夜色衬托下色彩愈淡，由黄色渐渐变为耀眼的白色。

泰勒的眼睛慢慢习惯了昏暗。夜空中以主色调呈现的绿色令他觉得自己置身于一个水族馆里。几英里以外，一幢房子里的灯亮起来了。一颗橙红色的星在地平线上探出身来，地上的树木在微风中摇曳，恰似海底激流中的一串珊瑚。泰勒拧开挂在脖子上的袖珍手电筒，让光柱倾泻到他的颜料盒、背囊和画架上。

夜色愈深，人类的活动渐渐消退，将泰勒孤身一人留给昆虫做伴儿，由他独自去欣赏月光在麦田里闪烁。他认为他的艺术源于对一切异于人类，超越人类的事物的敬畏，而且希望激发这种敬畏之情。他从来不曾想去描绘人的劳作、人建造的工厂和街道或电路板。他关注的只是人类无法建造，因此必须特别努力用心去感受去想象的事物；他关注的是根本无法预知的自然环境，因为那才真是出乎人意料之外的。投入地审视一棵树的目光表明他试图让自我退到一边，去认识所有异己的、超越人类的事物。于是他从幽暗中这一棵显得十分古老的参天大树开始工作，从它怪异的枝干和成千上万僵硬的小叶子开始。它与丰富多彩的人类生活竟然毫无直接联系。

6

　　若说泰勒家一楼卧室旁的那个小房间是画室，这个词儿或许
用得有点夸张。这里塞满了泰勒在一年四季中，每一天的不同时
辰临摹的那棵橡树的习作。

　　虽然面积小，这是一个特别令人愉快的房间。没有什么工作
能与绘画相比，只要向四面墙上瞥一眼，你便能明了多年劳作的
价值。而能得到机会，将自己智力和悟性集中于一地展示的人更
少。我们的努力往往无法借助恰当的物证流芳百世。我们在恢宏
而又难以名状的群体事业中显得苍白无力，甚至会疑惑自己去年
做过什么事情，而更深切的疑惑则是自己究竟去过哪里，成就过
何种事业。在庆祝退休的聚会上，我们才会为自己的活力消失殆
尽感伤不已。

　　在这位用自己的双手改变部分世界的艺术家眼里，每一件事
物都与常人所见大相径庭。他可以把作品视为自己生命力的释放，
可以在一天或整个一生即将结束时退到不显眼的位置，用手指着
一块画布、一把椅子或一把陶壶，把这件东西视为自己的技艺贮
藏之所，多年人生历程的准确记录。因此他会在此产生一种归属
感，而不至于被拖入很久之前便已烟消云散，无人能够拥有或看
到的事业中去。

　　泰勒明白，他在创作自己原本力所不能及的东西。他有机会
在画布上做得漂亮些，在日常生活中却无法做到。他并不总是一

个有悟性、有耐心的观察者。他的社会自我为一些弱点困扰。与人相处令他紧张不安，总想用夸张的大笑掩饰焦虑不安的心情。他也并非常人心目中那种很有个性的人，他的人生道路受到英国人特有的苦恼阻碍。在其他国家里原本容易取得的成就，在泰勒这儿却得来不易，而且始终会稍纵即逝，因为他有乡土气，有工人阶级的背景，却又想在文化界、知识界确立自己的艺术家身份。

每当站在画架前面时，泰勒完全可以宣称自己会绘画，而不至于让人觉得他自高自大。此时此刻，与他为伍的已不再是在当地小酒馆里一起喝酒的伙伴。他也不仅仅是一个邮差的儿子，一文不名，或店铺里的一个伙计。他是提香的知己和传人。

7

到了春天，泰勒帮一位司机将 3 年来画的 32 幅橡树习作搬上一辆货车，目的地是伦敦郊外一家画廊。那儿没有高大的商业大厦，只有小事务所、商店，开在不很整齐划一的街道上。他的画将要挂在一楼和地下室墙上，届时面对人行道的大型玻璃橱窗里也会展出一幅 12 厘米高的油画，画的仍是初秋季节里的那棵橡树。

人们成群结队粗蛮地奔向办公室，起重机高耸入云，飞机掠过头顶飞往东西两端的机场。在这样一个不协调的困难环境中，这棵橡树显得怪异，不协调。有些人上街买咖啡、三明治、报纸

190.

或是给鞋子换鞋跟，以满足基本的现实需求。在他们从事这些活动之时，若有人发问：一幅绘画究竟会有什么用处，那倒也是完全符合逻辑的。

为了帮助我们审视那些已经看到的东西，这些表现橡树的绘画竭力吸引、支配我们的注意。在某种意义上，它们可与广告牌相提并论，不过并不刻意强迫我们留意某一牌子的人造黄油或减价机票，它们鼓励我们思考自然的意义，一年一度生长和衰老的循环往复，动植物王国里的风云变幻，我们与大地失去的联系以及这些谦逊的斑驳绘画里拥有的救赎力量。我们可以任意为艺术下定义，只要这个定义能够促使我们去思考那些重要但是常常被忽视的方方面面。

虽然如此，泰勒对一切试图以语言总结艺术之真谛的努力均持怀疑态度。他执意认为，一件有价值的艺术品自然会使所有的评论显得不得体，因为它一定会影响、感染我们的感官而不是逻辑分析能力。为了说明艺术作品的特性，他引用黑格尔对绘画和音乐的定义，即这两种艺术形式皆致力于"观念的审美表现"。黑格尔认为，我们需要这类"给人美感"的艺术，其原因在于，只有先转换为感性的、情感的材料，许多至关重要的真知灼见才能作用于我们的思想。比方说，我们会唱一支歌以提醒自己，使自己从内心深处认识到宽恕别人确有重大意义。在此之前，或许读过一本政治小册子后我们也认同这个观念，不过只是以机械僵滞的方式。同理，站在一幅画得很出色的橡树前，我

们才会从不同的角度感悟自然界的意蕴，而不仅仅是尽职尽责地
接受。

伟大的艺术作品有一种令人浮想联翩的特质。它们会使人关
注那些转瞬即逝的东西，譬如在一个炎热无风的夏日下午，一棵
橡树给人带来凉爽的树影，或是初秋金棕色的树叶，或是在火车
上瞥见的，在忧郁的灰暗天空衬托下，一棵枝叶光秃的树所表现
出来的坚忍和悲伤。与此同时，绘画似乎还能够唤醒某些已被忘
却的心灵中的往事，让人在冥冥中再度联想到它们。这些树或许
会蓦然唤醒我们未曾说出的诉求，而在夏日天空那一层薄雾中，
我们再度看到正值翩翩少年时的自己。

8

以后的 8 个星期里，画廊里的画卖得很慢。全国性的报纸上
没有登载评论。倘若对有声望的人士的意见一无所知，人们便难
以下决心去买这些画。

不过仍有一些顾客从街上走进来，他们事先不曾预约，只是
听从直觉呼唤。午饭时分，德意志银行的一位职员买了一幅橡树
画，另一幅卖给了一个来自鲍镇的印刷工，第三幅被来自墨尔本
的一对夫妇买去，他们正巧在去利物浦大街车站的途中迷了路。

在画展的最后 1 周，米尔顿凯恩斯的一位牙科医生买去一幅
最小的橡树画，它是用油彩直接画在木板上的，只有 10 厘米高。

194.

苏珊把它挂在客厅里，把它与电视机、来自卢克索[1]的一组木骆驼以及诺弟[2]和黛丝熊熊[3]的村庄摆在一起，让它们争奇斗艳。

苏珊乐于把这幅画拿给朋友看，这绝非炫耀财富或地位。她自己也并未十分明确地意识到的是，她希望告诉人家，她自己有点像画中那棵树。从前她曾看到过这棵树。儿童时代住在萨默塞特郡时，她在上学途中经过这棵树。读大学时，她骑着自行车在达勒姆乡间郊游时也曾见到这棵树。她住院生大儿子时，这棵树恰恰就矗立在医院对面的田野里。

像一座现代并非宗教意义上的偶像，这幅画在它周围建立起一个磁场，为观赏者规定适宜的态度和行动守则。每日的平常事务通常会执拗地影响客厅里的活动。电视节目令人羡慕地掩蔽人的想法，诺弟却从不放过表达自己意见的机会。深夜里，待全家人都去睡了，苏珊有时会在那幅小画前待一会儿，觉得自己与绘画微妙地心心相印，进而更真切地加深对已逝去的岁月的认识，体会到自己的确是人类的一员。

1　Luxor，位于开罗以南700多公里处的尼罗河畔，曾是古埃及首都，现在是埃及文化古迹集中的旅游胜地。——译者

2　Noddy，原是英国最受欢迎的儿童作家伊妮德·布莱顿（1887—1968）塑造的儿童形象，其作品后由英国国家广播公司改编为系列电视木偶剧，如今已经成为风靡全球的儿童卡通形象。诺弟是居住在玩具城里的小木偶，他的脑袋与弹簧相连，每当他表示认同或者高兴的时候，他便会不停地点头（nod），故名Noddy。——译者

3　Tessie Bear，《为诺弟让路》等剧中的人物。——译者

9

　　画展结束了。从 2 年前算起，泰勒挣到的钱同一位不很成功的水管工人的年收入差不多。人性中总有不很现实的一面，我们常意欲成就自己，在创造比自己更优美更睿智的事物时，尤其表现得乐于做出牺牲。

　　泰勒倒也不为钱财烦恼。最近他去过科尔切斯特以北的一个村庄，去看科恩河的一条支流。他想把水作为下一个绘画主题。他计划在一道防波堤上建立基地，花几年时间画出那条河的意境和它在不同时辰的色彩。

　　他问我："你留意过水吗？也许留意过。我的意思是，你是否像以前从未看见过水那样留意过水？"

第七章
输电工程

1

在我妻子最小的堂妹的婚宴上，我同一位和气的中年男人攀谈起来，他在苏格兰一家电力公司工作。我们围坐在靠近舞池的一张桌子旁，吃巧克力奶油冻，谈自己的职业。伊恩告诉我，他的工作是在苏格兰乡间安装高压输电线塔，不仅决定安装在何处，而且要确定它们的高度、大小和功率。

闲暇时，伊恩是高压输电线塔鉴赏协会的首批会员。这个团体财力匮乏，又常常受到怠慢，但仍然设法组织会员沿着输电线路步行。他们期待着有朝一日，对电力输送的好奇心能被列入正当爱好。最近，他与其他3位会员一道去日本旅行，吃惊地看到东京西面生长着高大树木的山谷里的电力线路布置得十分巧妙。去年他去过南非，他说那里众多的高压输电线塔建造得别出心裁，至少在欧洲人、美国人看来正是如此。他描述约翰内斯堡附近的一座高压输电线塔，双臂张开，看不到底座，联结器呈对角线分布，与我观念中输电塔的形状完全不同。

伊恩指出，虽然我们的文化会直率地提醒大家留意小鸟儿和具有历史意义的教堂，它对高压输电线塔却根本不予关注，尽管高压输电线塔在精巧构思和审美方面完全可与许多业已引起我们注意的景物媲美。他举出的一个例子是苏格兰的奥湖，那里是一个风景如画、无比浪漫的旅游胜地，尤以 14 世纪建造的基尔琛古城堡最为著名。那里有几座 400 千瓦高压输电线塔，它们把建在本克鲁亨山的水力发电站与格拉斯哥郊区连接起来。在绘着奥湖和城堡的明信片上，那些输电线总是十分显眼。于是这风景地只剩下虚构的纯真，一如伊恩所说（白兰地酒劲儿发作了，他变得越来越唠叨）。那光秃的山坡和清澈的湖水表现出伤感的勒德分子[1]的样子，如侏儒般智商低下。

2

我们交换过地址，我随即便基本忘记了这次会面。8 个月后，伊恩来信说他计划到英格兰来，用 1 天时间考察联合王国最重要的输电线中的一条。这条线路在用电高峰时负责向首都供应所需电力的 2/3，它的一端是肯特海岸边的核电厂，另一端连接伦敦东部的一家变电站。伊恩将徒步或乘车出行，他问我是否愿意同他一道去。

1　Luddite，指害怕或厌恶技术的人。在工业革命期间，英格兰的纺织工人主张模仿一个叫作 Ned Ludd 的人破坏工厂设备抵制节省劳动力的技术。——译者

于是我们在一个极冷的冬日清晨聚到一起，会面地点就在那个俯瞰邓杰内斯海滩的核电厂边。我俩穿得很暖和，帆布背包里装着三明治和巧克力。虽然时辰尚早，电厂里一片繁忙，准备好输出将要烧开 500 万个水壶和锅炉的电力。人类学会使用火后又过去了 75 万年，核反应堆反映我们最先进、最理性的使人类远离黑暗的愿望。这家电厂发出 1 110 兆瓦电力，除了尖锐的嗡嗡响声，它不释放废物。与使用不洁净的煤和油做燃料的电厂不同，它似乎无须补充燃料，只需按照先进的物理学、化学无懈可击、精确无误的原理运作。

不过电厂已处于令人担心的境地。许多暴露在外面的管道在海滨空气中生锈，冷却塔的底座用一大块布裹扎起来。看来，容许英国人介入原子分裂技术实为蠢行，或许这也是由于这个民族不适合从事这个精确并且必须遵守规则的行业的缘故。他们天生不信任权威，喜欢冷嘲热讽，又厌恶官僚程序。显然，倘若这块土地完全留在条顿人手里会明智得多。

在邓杰内斯海滩与东伦敦坎宁城的终点之间有 542 座高压输电线塔，175 公里线路。我和伊恩计划在两天内走完这段距离，而每秒可传输 30 万公里的电流只需 0.000 58 秒即可到达。也就是说，我还来不及想象电厂一侧的四条电缆正在向首都的屠宰工、古董店和托儿所输送能源，它们就已经完成了任务。看着建在布满卵石的荒芜海滩上的电厂，这一概念尤其令人难以置信。那里似乎与人类全然无关，更不用说一座熙熙攘攘的城市。

3

　　沿着线路，我们朝着西北方向徒步进发。伊恩高兴地注意到电线架设在 L6 号高压输电线塔上，他认为那是英国用得最多的型号之一。它呈晶格结构，支脚分得很开，只做最低限度的支撑，横梁稍稍向地面下垂，似乎在表明它们正在负重。这些特点使人得以区分 L6 与其他型号的高压输电线塔，尤其是更新式，支脚更加坚固，看起来枝繁叶茂的 L12 型，不过我的朋友对它特别反感。

　　伊恩掏出一部袖珍世界高压输电线塔大全，是韩国一家出版社出版的，书中列出人们可以想象到的不同大小且形状各异的高压线塔。由此人们想到高压线塔的设计方案很多，如同人的秉性可能截然不同，而且我们也习以为常地沿用某些评价活生生的熟人的标准去估价这些无生命的钢铁结构。在不同形状的塔中我看出表现方式不同的谦逊或傲慢，正直和奸诈。芬兰南部广泛使用的一种 150 千伏特高压输电线塔，它的主杆伸出一只纤细的手去拉传导线，我从中看出一种卖弄风情的性欲求。电力传送工程师们面对无言的挑战，必须设计出时髦的高压线塔，使人看到后在潜意识中觉得在心理上，外形上都赏心悦目，就像人们寻找理想中的朋友或情人那样。

　　虽然已浑浑噩噩地活了一大把年纪，我以前从未走到输电线底下去，因此它发出的强烈声响令我吃惊不小，那就像烤箱转动

时一条条锡纸被猛烈吹动发出的声音。40 000 千伏的高压电正在电缆线中通过，氮和氧粒子分裂，在潮湿的空气中引起剧烈化学反应。这种现象被称为电晕放电，使伊恩想到他最近结束的一场已延续 15 年的婚姻。他解释说，正是在由托内斯核电厂输往爱丁堡郊外的那条输电线底下，伴随着噼噼啪啪的放电声，他第一次亲吻了那个 1 个月之前才突然离开他的女人。

伊恩告诉我，早年约会时他开车与女友梅甘一道去看高压线塔、看周围的空气带电，并会点亮一个小用电器。他从后备厢里拿出一根荧光灯管举到头顶上，灯吸收了在空气中游走、肉眼看不见的电流，闪烁一下便亮了。在那易碎的乳白色玻璃灯管照射下，这一对恋人第一次将对方拥入怀里，他们身后的背景是漆黑的兰默缪尔丘陵。

伊恩严峻而又简洁地说，最后，他们不再志同道合，只好分手。

为了调整自己的情绪，伊恩将脑袋向后仰，指给我看一些像雪茄烟似的小圆柱体，它们与传导线连接在一起，分布在那座高压线塔的两端，我们就站在它下面。他告诉我，这些圆柱体的发明者乔治·斯托克布里奇是加利福尼亚的一位工程师，他在 20 世纪 20 年代注意到每一高压输电线塔能够安全承受的电缆长度受到电缆易振荡特性的限制，即使是在微风里也会有危险。斯托克布里奇的成就是，他证明可以有效地使电缆的振荡平静下来，只要在距每一主杆不远处安装一个精确校正过，朝相反方向振动的减

208.

振器。据他的一些同事推测，他花费了 10 年时间和心智设计出一个管子，这个管子由一只弹簧分割为沉重的两部分，弹簧收到导体发出的不同频率便产生共振，以此确保高压输电线塔的整体稳定。

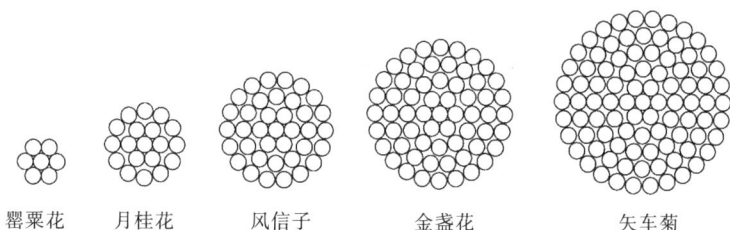

罂粟花　　　月桂花　　　风信子　　　　金盏花　　　　　矢车菊

　　一边往前走着，伊恩一边告诉我，这里的电线是由 91 股铝芯线拧成的电缆，像一根绳子似的。这一规格在电缆系列里是较高级的，负荷较小的电缆通常只有 7 股铝芯线。我还了解到，电线的横截面的形状使人联想到切开的花茎的图案，人们便用各种花卉命名不同规格的电缆。7 股铝芯线是罂粟花，19 股铝芯线是月桂花，37 股铝芯线是风信子，61 股铝芯线是金盏花，127 股铝芯线是矢车菊。

4

　　沿着高压线塔前行便必须离开人们常走的路线，以刁钻的角度越过田野，跨越栅栏，穿过森林，从铁路桥下钻过。我们联想

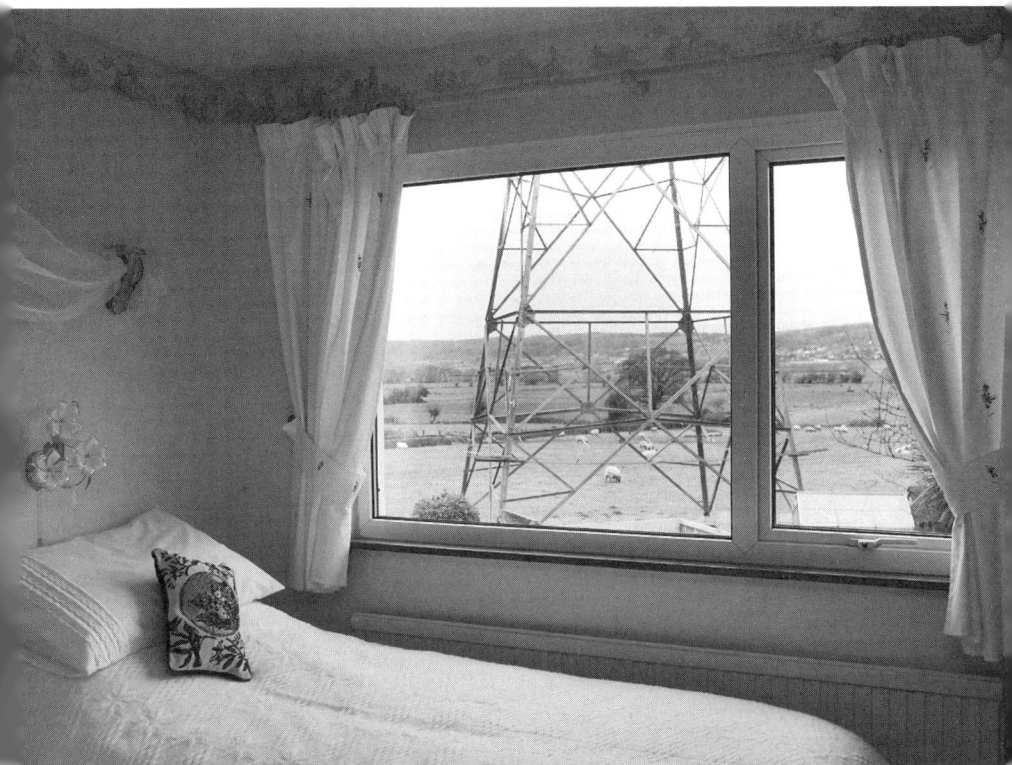

到另一种网络系统，它像褪色的手稿一般分布在任由汽车和火车奔驰的通衢底下，那便是由水管、煤气管、光纤电缆、飞机、罗马帝国时期的道路、獾和狐狸构筑的另类网络。它们经过的轴线避开人们的关注，只是以微妙、难以琢磨的方式宣示自己的意图，例如一行高压线塔的主杆，鸟兽的粪便或田野边一只部分被常春藤覆盖的灰白色盒子。

在这一段区域，电线远离人迹，不过从浴室的后窗或车房的窗口人们仍看得到它。在开往多佛尔[1]去的火车上，从平克尼·布什的农场的一个卧室里人们也看得到它。然而这些高压线塔对它们来自何方，通往何处缄默不言。在这一片典型的风景区中，星星点点地分布着沉默不语的工业建筑。现代诗人书写的招牌可以很容易地被贴在这些建筑物上，人们感到惋惜。他可以用几行抒情对偶句表达出路过此地的漫游者也怀有的对电力输送的意义和方向的遐想。

在一个名为斯托克黑尔的狭长茂密森林里，我们看到一辆红色旅行车停在一条狭窄的小路边，车身在剧烈晃动。对此伊恩评论道，仔细观察电线的人不可避免地会经常目睹人类性活动的各个不同侧面，这类活动在我们这个所谓的自由社会里不易找到表达方式。

有时我们想到死亡，那是因为总有警示牌告诫人们不要爬

1　Dover，英国东南部港口。——译者

上高压线塔，虽然明白无误地做出示范的只是触电而死，横尸于塔基的许多动物。天鹅在现实生活中面临极大危险，因为造就它们的那位漫不经心的神灵让它们的眼睛生在脑袋两侧，结果它们在黑暗中或大雾里常会全速撞上电线。通常被电流击毙的只是领头的鸟儿，听到 12 公斤重的躯体以每小时 50 公里的速度撞上电线时发出的响声，其余的鸟便会规避。当地的狗和狐狸对高压输电网有所了解，总会退避三舍。有时它们在没有月色的夜里伏在高压线塔底下，与脑袋被电流击肿、头晕目眩的天鹅搏斗。疯狂的狗吃腻了单调的罐头狗粮，重新发现了它们祖先茹毛饮血的乐趣。

　　我注意到伊恩常用一件不太常见、一侧装有轮轨的仪器测量两座塔之间的距离，以后便在一本皮面笔记本上记下一些标记。我看到奶油色的纸上工工整整写出的代数方程式。不了解其中的意义也有好处，我得以从纯粹审美的角度审视它们，正如未受过专业训练的人也可以欣赏乐谱或一页古阿拉伯文稿。

$$T/T_H = \cosh \frac{wl}{2T_H} \doteq 1 + \frac{w^2 l^2}{8T_H^2} \; and \; if \; \frac{w^2 l^2}{8T_H^2} \ll 1 \quad T \doteq T_H$$

　　伊恩看出我的困惑，告诉我他正在计算作用于电缆的地心引力有多大。在他的方程式里 l 代表跨度，w 代表每一长度单位承受的实际重量，T_H 则代表整条电线所承受重量的常数。他说电力传输工程师非常幸运，他们手边有非常精确有效并且全球通用的专门词汇，足以描述最晦涩难懂的电学问题。因此，从伊朗到智利都用 ψ 代表介质电通量，用 μ 代表磁导系数，用 $\mathscr{B}$ 代表磁导、用 $\acute{a}$ 代表阻力的温度系数。

我突然悟到，相比之下寻常的语言是多么贫乏，它指望使用者过度依赖大量语义飘忽不定的词汇传达意义，这些意义比与电网有关的符号所代表的意义浅显得多。我忽然希望全人类都向电力传输工程师学习，商定一套能够确定无疑地直指不易捉摸、易变而且常常是伤神的心理状态，也即一套令我们较少感到语塞、孤独的代码，它可以借助迅速交换方程式的方法帮助我们解决争端，无须再开口讲话。

工程师们的简洁可以运用于人类情感，恰到好处，绵绵不绝。譬如说，如果一个字母能优美地暗示人有时会产生的奇怪愿望，即希望得到他甚至不很喜欢的某些人的爱，比如说 β。又譬如，ω 会在朋友关心某病人的病痛更甚于本人时使他恼怒。或是 ξ，它会唤起更模糊的感觉，即人有时会觉得他一生的各个阶段是共存的，因此他只要回到儿时的家园便会发现所有的东西仍同过去一样，谁也不曾死去，什么变化也不曾发生过。一旦有了这样一种标记法，你便可以将在一个有代表性的星期日下午感受到的飘忽不定的怀旧和焦虑心情压缩为透彻而又明确的序列，即 $\beta + \omega + \xi \times 2$，然后再得到朋友们的同情和怜悯，其实你原本忍不住会埋怨这些人的。

5

我们步行来到坎特伯雷。旅行指南建议我们看看大教堂以及一座罗马时代别墅的遗址，但是我们却去了东北郊的住宅区。有关当局不愿让现代化的东西由这里侵入城市的中世纪景观，坚持要规定电缆的行走路线。在几十公里以外伟岸地跨越一片与世隔绝的森林的高压线塔，在此进入民居的后院和花园，融入家庭生活，令看到这一景象的人们不禁觉得诧异。就像有人要一位刚刚进入某户人家的陌生人帮忙把吸尘器搬到楼上去一样，感觉很古怪。洗过的衣物挂在一座塔上，另一座塔上靠着一个孩子的自行车。在此处，输往伦敦特拉法尔加广场的电力从一些轻便折叠躺椅和生锈的烧烤用具上方的电缆线中流过。

经过 8 座塔，我们看到线路又折回荒野之中。它从巨大的克洛斯森林中间穿过，以后突然转向泰晤士河口的沼泽地。我们在雨中步行 3 小时，沿着线路来到锡廷伯恩[1]镇外，决定在那里停下来，找点儿可口的东西吃。与众多的小社区相仿，不知出于何种原因，众人都从事同一种职业，这里的情形则是人人都在从事理发业。其结果是，大多数店铺都濒临倒闭。我们运气不错，找到一家卖自制蛋糕的茶室，在后面坐下来，那里有一种人们所说的旧大陆气氛。一个人本应在这种地方感受欢乐，才不会觉得虚度

1　Sittingbourne，英国肯特郡的一个工业城镇。——译者

此生。一个戴一顶式样古老的帽子的女人端上一壶茶。她说:"我要让你们两人中的一个扮演妈妈的角色,负责倒茶。"听了这话我和伊恩都一度犹疑不决,不愿先动手。

她回到厨房里,一个看来像是她女儿的姑娘留在餐厅里,她有十八九岁,也戴着一顶老式帽子。她在扫地,其表情既悲伤又美丽。2个世纪以来,尽管对浪漫主义艺术和歌曲的抵抗已根深蒂固地帮助渴望逃离的人们下定决心,从此离开黑暗的小城镇,锡廷伯恩镇仍是这姑娘无法战胜的敌人,它像她竭尽全力要从地板上擦去已凝结的汤汁一般顽固。她的努力表明她在一场更大的抵御生命中阻力的战斗中即将败北。

喝过茶,付过账,我们继续向下哈尔斯托[1]前进。夜色渐浓,于是我们就在那里一座高压输电线塔旁边的一家旅馆里下榻。那一夜注定令我不自在,我努力想入睡,其结果仍是执拗的不眠,想起身却又觉得疲惫不堪。到了凌晨2点,我打开灯,正式决定读书直到天亮,忿忿然地想看看彻夜不眠会带来何种暴虐的后果。我无法集中注意力去读严肃的读物,便翻检床头柜抽屉,从里面找出各种小册子。这些小册子说明这家旅馆在34个国家里有连锁店,虽然人们会认为它怪模怪样的。在所有的连锁店里都承诺相同的风貌和服务质量,即使是远至丹麦和委内瑞拉的诸多分店,整个世界一下子变小了,令我产生四海一家的感觉。

---

1 Lower Halstow, 肯特郡的一个村庄,位于梅德韦河口的岸上。——译者

216.

　　获悉这些旅馆均与一个电网连接也令人欣慰。就在那一刻，布加勒斯特的一家姊妹酒店正从一家电厂获得电力，为它的 52 间套房里的小冰箱降温，也许是切尔纳沃德核电站[1]。乌拉圭的一家小旅馆用萨尔托格兰德水电站[2]发出的电力为 24 小时开放的小型高尔夫球场照明。在描述蒂罗尔[3]山区一家小旅馆的图片一角上，甚至有一座网格密集的高压线塔。我得出结论，在当代生活中，人们很少为此而困惑，大家不会为考虑自己使用的电力究竟是从哪儿输送过来的而分神。

　　屋外暴风雨大作，沼泽地里的输电线路在黑暗中抵御来自北海的疾风吹袭，岿然不动，令人钦佩。花园里，在布满落叶的水池另一端，有人打开一盏孤寂的灯。它在风中摇曳，显然是逆境中坚忍精神的象征，令人欣慰。我又联想肯特郡地区其他一些地方会亮起来的灯，诸如加油站、汽车旅馆、宠物食品店门前的招牌以及花园中央的标识。

　　我也联想到人们对电网的冷漠态度。真正对电网心存感激的那一代人大概早已死去，而儿童时代便已存在的技术很难使我们服膺。电灯泡之所以被人看重是因为有与之对照的东西，即我们成人后对早年秉烛照明的记忆。电话有信鸽与之对照，飞机有轮

---

1 Cernavod，在罗马尼亚境内。——译者

2 Salto Grande，阿根廷和乌拉圭合作建造的大型水电站。——译者

3 Tyrol，位于奥地利共和国西部的一个州，处于阿尔卑斯山脉中央地带，是欧洲最受欢迎且冬夏皆宜的旅游胜地。——译者

船作为参照。这使人联想到，科技进步的历史不仅应在某一新发明问世时得到慧眼识别，更有意义的是在它被人忘却之时获得认同，也即在它由于为人熟知并且已经从集体意识中消失，变得像一块卵石或一朵浮云那样平淡无奇，不再引人注意之后。

说不上这溪水般纷至沓来的一连串沉闷而且越来越荒唐的想法何时中断，我醒来时已是破晓时分，我发现自己颓然倒在一把扶手椅上，披着外衣，膝上摊着一份旅馆里的小册子，正翻到介绍安道尔公国半山旅馆那一页。它由马萨纳[1]附近一座水力发电站供应电力。

6

我们一早便离开旅馆继续沿着线路前行。天色仍很黑，使人觉得白昼已放弃现身。街灯在路边闪烁，自动传感器的信号在黑暗中时隐时现，昭示它们探测出的微光。

这条线路横穿延伸到伦敦昔日的罗马大道，但是它不直接进入首都，却在梅德韦附近吉灵厄姆、查塔姆和罗切斯特等城镇之间迂回。地平线显得更近，住宅区连成一片，那景象使人说不清哪里是起始处，哪里是尽头。我们经过马术运动中心、骨科学校以及流连于圣坛般装饰有花朵的路边的青年男女身边。小伙子头

---

1 La Massana，安道尔公国的一个行政区，位于安道尔中部。——译者

发油腻腻的，小姑娘带着惊奇的目光四处瞟。商店橱窗里挂着自吹自擂的标识——"请您开个价吧，我比您的更低。"还有一些标识则如诗歌般简洁，老谋深算，足以使一部史诗般的戏剧变得活灵活现——"新法洗车，更佳经营。"在烘干床单发出的宜人气味和干衣机有节奏的轰鸣声中，我们在查塔姆的一家自助洗衣店里吃了三明治。

接下来线路横穿过北哈林，伊恩看到在一个模仿乔治国王时代风格的住宅区里，有3幢房子的车道上安装着黄铜制的小风车。他想起一部荷兰人的著作，其中的教益亦是他常常引用的。书名是《荷兰景观中高压输电线塔之美》，其作者是安妮·米克·拜科尔和阿里基·德·包德，鹿特丹大学的一对教授夫妇。此书谈到高压线塔由发电站通往城市途中常为人忽略之壮美，认为输电工程为荷兰的风景增色不少。伊恩特别感兴趣的是书中论及荷兰人与风车的关系史那一部分，作者在此强调指出，同今天对高压线塔的看法相仿，起初人们认为这些早期工业化的产物具有险恶的异己性质，并不会像现在这样，唤起风车魅力十足并且使人觉得好玩的联想。神职人员在布道时抨击风车，疑心病重的村民们有时会把它们烧光。在很大程度上，对风车价值和作用的重新估价应该归功于荷兰全盛时期大画家们的作品。国家的经济依赖这些旋转的机械有效运转，这使他们受到感染，把风车置于自己画作中最显著的地位，凸显它们最美好的形象，如它们在风暴中的安详坚忍，临近黄昏时阳光照耀在它们的叶片上发出的反光。亚

220.

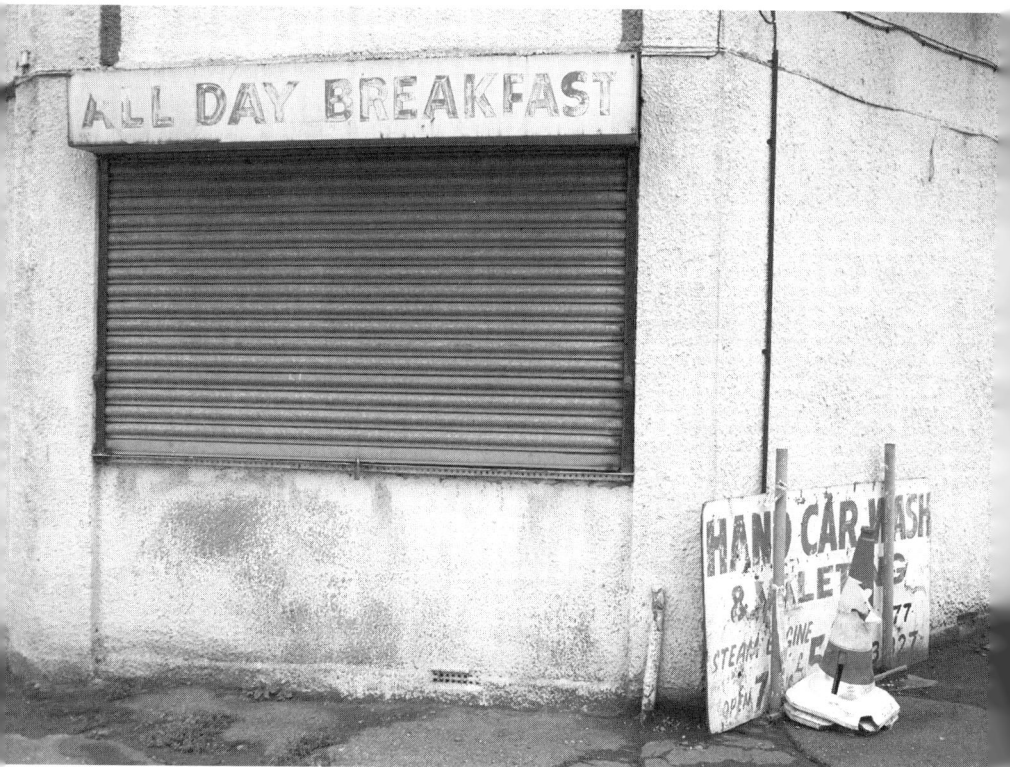

伯拉罕·富内里乌斯的《阿姆斯特丹的赖森城堡》和雅各布·范勒伊斯达尔的《迪尔斯泰德附近韦克的风车》一类的作品对荷兰人有启迪，让他们特别崇敬这些为荷兰带来生机的机械并且予以审美关注。

伊恩总结道，也许将来会由同时代的艺术家教我们认识当代工艺设备的优点。他希望电的导体的照片将来会挂在餐桌上方，有人会写出以输电网为布景的歌剧剧本。

最终，高压线塔的线路穿过时断时续、凹凸不平的田野，从斯旺兹肯姆镇以东进入伦敦，它穿越诺思弗利特镇，延伸到泰晤士河岸。在那儿的一个足球场旁，高压线塔遇到迄今为止最壮观的自然障碍，那是一条宽度达到1.3公里的潮汐河流。为了避免导体在如此长的跨度中下垂，带来危险，通常需要三座高压线塔支撑它们。这是一条繁忙的航道，人们无法在水上建造平台。于是距离河岸最近的两座高压线塔别无选择，只能向上发展，达到190米之高，比一座40层摩天大楼还高。在雾中，人们几乎看不到塔顶红宝石般的灯光。目睹这条早已熟识的线路在此变得如此高大完美，我们觉得甚为自豪。

不过我们此番努力倒也没有得到特别的回报。在河的彼岸，线路立即进入一片布满货栈、仓库和租金低廉的旅馆的地域，其中一家吹嘘说客房里有3个成人娱乐频道，还能瞧见伊丽莎白女王大桥。

到了吃午饭的时候，我们想去湖畔购物中心的美食广场，但

是伊恩指出，如果我们继续往前走，便会沿着线路来到雷纳姆沼泽地的鸟类保护区。这个保护区归皇家鸟类保护协会所有，是候鸟的重要栖息地。最近那里刚刚开设了游客服务中心，供应南瓜汤和胡萝卜饼，全世界高尚餐厅里的两款主要菜式。

虽然坐在我们阳台上的椅子里很舒适，还可以一览无余地看到沼泽地，瞭望一种常见的交喙鸟（这个名字起得不公平）作长距离的游弋，伊恩却变得很灰心丧气。到处皆是鸟类观察者协会的招贴，它有自己的出版物，有礼品店，还出售擦拭杯盘用的抹布。一只巨大的塑料知更鸟站在咖啡机旁，以恳求的眼神鼓励资助者把钱投入它脑袋上的孔里。这个组织不放过这一小小的机会，利用人们看到鸟儿时的愉快心情，把它变成某种形式的生机勃勃的商业行为。更有甚者，这种行为悄然无声地昭示自己在道德上显然优于其他形式的休闲消遣。它完成了文化的原始工作，即接纳某一未成形不普遍的爱好，再以社会语言描述它，赋予它体面。

相比之下，高压输电线塔鉴赏协会显得可悲，也不成熟。它的会员不多，没有餐厅，甚至没有钱给会员发送简报。其结果是，一座高压线塔在我们大多数人心中唤起的反应不过只是产生于随意间得不到支持的冲动，是在高速公路上驾车或在旷野中漫步时转瞬即逝的念头，一分钟后便会消失殆尽，既无声望也不会带来好处。

在 1844 年发表的一篇名为《诗人》的散文中，美国作家拉尔夫·沃尔多·爱默生引为憾事的是，他同时代人认同的美的定义过于狭窄。那些人认为"美"仅适用于描绘以往著名艺术家和

224.

诗人在作品中颂扬过的田园景色，还有未遭到破坏的牧场风光。
爱默生在工业时代的黎明写作，他兴致盎然地留意到铁路、仓库、
运河和工厂在急剧增加，希望为其他形式的美让出空间。他将怀
着思古之幽情热爱旧式诗歌的人与那些他认为真正具有当代诗人
情怀的人加以对照，认为后一类人才配得上诗人的称号。这倒不
是因为他们写出了诗篇，而是因为他们愿意以不带偏见和个人好
恶的眼光去看待世界。爱默生断言，前一类人"看到由村庄变化
而来的工厂和铁路，便以为它们破坏了美丽的风景，那是因为工
厂和铁路尚未在他们读到的书中被神化。真正的诗人却认为这些
景致均是自然伟大造化的一部分，与蜂巢或蜘蛛结出的几何形状
的网相比并不逊色。大自然很快便将它们纳入她自己充满生机的
范围中，她爱飞驰而去的火车，将其视如己出"。

7

我们的线路遇到麻烦。在乡村里它可以循着直线经过 10 来
个高压输电线塔，但是城市近郊建筑渐渐密集起来，在它的路线
上不断设置障碍。为了落脚，它必须施展出一个大块头在布满杂
物的地毯上行走的技巧。它踮着脚绕过储气罐和铁道，停下来为
下水道让路，俯身躲开城市机场上 *EMB* 飞机的机翼。距离伦敦
还有几英里，在一家生产"极可意"水流按摩浴缸的工业园区和
一家饼干工厂所在地，高压线路从此一劳永逸地转入地下。

不消说，没有人大事张扬以纪念这一刻的到来，也没有标记显示它曾到过牧场，坎特伯雷的后花园或曾目睹肯特沼泽地里的鹅。电力进入伦敦的电路之前首先要经过一串磁绝缘体以降低电压，这些绝缘体凸面柱状的外形使人想到原始部落祭天仪式上的祭品。在一个特别高的绝缘体末端有一根黑色粗橡皮管，整条线路的电力均汇集在这里。它不声不响，最终在用户不知晓的情况下插入地面上的一个洞中。

伊恩要去赶火车。我们不免相互倾诉一番依依惜别之情，我们觉得共同经历过一些难以同其他人分享的事情。

就这样不显山露水地摇身一变，线路如今通向隐身于沙夫茨伯里大道的一个变电站，就在一家擅长烹制四川辣味鸭的中国餐馆后面。从那个变电所里，电力会输送到牛津街"博姿"店的化妆品柜台上，托特纳姆法院路的自动柜员机上，圣詹姆斯广场上英国石油公司的总部里，也会通到布鲁尔大街一家俱乐部门外的招牌上。那是一个广告牌，替地下室里一群跳钢管舞的爱沙尼亚舞女招徕客人。

在地下，这条线路会分成小股，最大的是 400 千伏，中等的是 275 千伏，在住宅区的街道上则降到 132 千伏。待到从插座中引出时，它已失去冲劲儿，只有 240 伏。电流在流动中表现得十分慷慨大方，它不要求用电人为它费神，更不会要求他们沿着青灰色的高压线塔溯源而上，穿越田野来到南方海岸边一个建在布满卵石的海滩上的单项电站。在汹涌的英吉利海峡海浪冲击下，电线在凛冽的疾风中不断发出不祥的嗡嗡响声。

第八章
会计工作

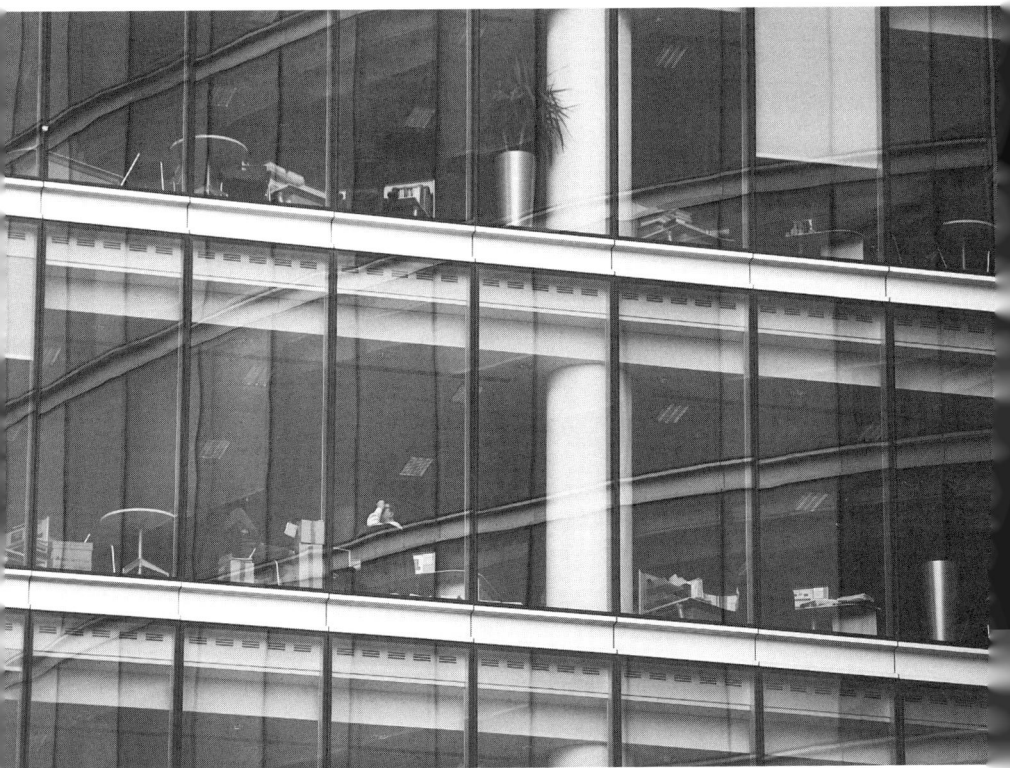

1

　　背对着伦敦塔车站眺望泰晤士河对岸，你会注意到南岸耸立着一排新建的办公大楼。建造这些房屋只用了 6 个月，用覆盖着朴素彩色玻璃的钢框架组装而成，看起来与这个城市仍不很协调，因为它洁净得出奇，而且与周围建筑的历史格格不入。它传达出一种非本土化，更适宜加拿大多伦多闹市区或美国克利夫兰的乐观气氛。在这些办公大楼东面，一队队外国孩子乘公共汽车来到一个栽着由私人养护的树木并且有喷泉的广场上，拍摄泰晤士河的照片。因为没有赶上火车或在公路上遇到塞车的商人们已经耽搁了正事，只得坐在广场里的长凳上查看穿过明媚晨风无影无踪地传送来的手机短信。

　　其中一座高楼顶上有一个不很张扬的标志，算是唯一的外部标识，提醒访客，他已来到世界上最大的会计师事务所之一的欧洲总部。虽然不事张扬，这座大楼吸引好奇的过路人不加掩饰地观看里面正在发生的事情。大楼里的雇员似乎觉得自己在看风景而不是被人看，他们把穿短袜的脚蹬在打印机墨盒上，大大方方地在窗前吃午饭，在转椅上扭动身躯，或者站成半圆形的圈子，从事不知为何的集体活动，当着屋子里全神贯注的同事的面，在白字板上书写首字母缩合词。他们的活动在 3 层玻璃后面展现，像是在一部怪异的无声影片中表演，只有海鸥、河上来往船只和东风奏出的乐章在为他们伴奏。

一走进大楼，人们便来到一座大厅里，它的设计迫使进来的人仰起头来，目光随着一块块上升的地面移动。就像建造大教堂的工程师带人参观圆顶正厅时那样，人们会联想到那些建起这座巨型建筑的人。与置身于沙特尔大教堂时的情况不同，人们不很明确究竟应当崇拜什么，也许就是辛勤劳作、精确冷酷或者审计过程中令人惊讶的复杂工作本身吧。贴在墙上的一块匾上写道："我们喜欢诚实正直、精力充沛、热情洋溢的人。"

看到有许多人坐在大厅里的红皮沙发上，你可以想见，要先等一会儿才能与预约的人见面是寻常事。这在无形中会使来访者加深印象，认识到楼上的拜访对象是一个举足轻重的人物。就像古希腊德尔斐的阿波罗神殿里的祭司一般，此处的接待员对自己扮演的庄严角色亦有所感悟。他会当场举行一场短暂的灌顶仪式，递给你一个证章，引导你坐到沙发上去，同时又应允会来叫你。那里摆放着免费取阅的报纸，还有贴上公司名称的瓶装饮用水。等待似乎是人类最古老的活动之一，可以追溯到罗马帝国时代元老院议员在皇帝寝宫外来回踱步，商人们排着队在中世纪西班牙科尔多瓦的大理石宫殿里，等候哈里发的接见。隐约听得到电梯

236.

无序地砰砰直响，保安在十字转门那儿巡视，希望有人来找他们
的茬儿，那样才好打发这冗长的一天。

如同一个病人坐在诊所里，他不禁会瞧瞧其他在候诊的人，
思忖是什么病痛使他们来到此处的。他们多半不会直言相告。这
些会计师无需满足人生的肤浅需求。直至商业史的晚期，直至
千百万人在城市里聚居并且组成产业大军，他们的职业才出现。
在此之前，会计工作仅仅占用在密室里烛光下用于记账的那几个
瞬间。此后，从事金融事业的专家出现。这些人不会捕鱼、建房
或缝补衣服，只是专事解决分期偿还、标准经营收入、交易税
一类的问题，似乎已达到人类历史上劳动分工的顶点。这种分工
3 000 年前始于古埃及，至少它在那些绿洲里产生过可观的收益，
不过在人的心理上的副作用也是明显的。

会计师大楼里一切都显得高雅，保养得很好。这儿看不到寻
常之处不免会有的蜘蛛网。人们穿过走廊和高架行人道，前往自
己的目的地。5 000 名雇员分别在审计部、税收部、银行业务部、
资本市场部、房地产部和风险咨询服务部工作，另有 200 名后援
人员协助他们，帮他们修理椅子，把茶点推进与客户举行会谈的
会场，转发电子邮件，把身份识别卡钉在一起。地下室的文具仓
库里储备着数量惊人的用品，甚至比阿拉丁的山洞里的宝藏还多。
那里有 3 000 支荧光笔，它们的黄色荧光可以将地球围起来，使
你联想到许多耗尽荧光笔的国家和场合。比方说，基辅一家旅馆
里有一支荧光笔报废了，原因是有人用它在一份足足有 500 页，

238.

GREEN BALLPOINTS

题为《铜开采业中的加权平均资金成本》的文件上划出重要部分。

公众往往认为，会计工作与官场上的单调乏味是一码事。近距离审视一番后，观察者会发现，这个将天下数字天才招徕到一起的机构也给他们一个机会开展个案研究，看各个独立的部门如何令人羡慕地将同事情谊、智慧和无用的工作融合为一体。泰晤士河岸上这家总部是各种行为发生之地，颇具特色，即使与人种学者在南太平洋萨摩亚群岛部落里的发现相比也毫不逊色。

我决定在会计师们的这座玻璃大厦里花费些时间，并且要去其中一两位人士的府上拜访，以便记录他们在寻常一天里的工作和生活。

2

现在是 7 月下旬早上 6 点，我在距办公处 50 公里之遥的伯克郡乡间一个村庄里。毫无怜悯心的电子闹钟不停地嘟嘟响，若要说过去 7 个小时所做的事情是"睡觉"，而且终于痛苦地捱到早晨，倒也并非妄言。我所追踪的一位会计师看当地新闻节目看得迷迷糊糊，不知不觉地睡着了。她可能只盖了一床羽绒被，也许那个房间还算安静，只有汽车前灯不时将灯光投射到天花板上，不过她仍穿梭在汹涌动荡的梦境里，邂逅不曾料到会谋面的人士，体验不曾体验过的情感。

她回到学校体育馆里参加代数考试，坐在一个男孩身边，两

240.

人之间并没有明显的不和谐迹象。这个男孩是她的同事，也在零售及消费性产品部工作。接着，她在超市里排队付款。女王大声喊叫，说有人偷走了她的耳环。随即这一场面又变为与一位十年未曾谋面的情人在渡船上见面，他准确回忆起他们分手的日子，而她清醒后却怎么都想不起来。外表上，我们看起来十分安静，只有一只胳膊或一条腿偶尔动弹一下，实际上却是在这样一列魔鬼火车上行进，这真是奇迹。

　　闹钟一响，这位会计师便只得起身去盥洗室。她别无选择，甚至没有时间去回味梦境。多愁善感的联想和无法企及的欲望都被中止，自我被重新组装，以一个前后一致的实体出现，有固定的任务，有可预见的前途。在朦胧的黎明时分，在短暂的几秒钟里，她觉得自己有一只脚踏在两个世界内，身体的一部分沉湎于梦中，另一部分则走过场似的拧开水龙头刷牙。不过随着时间的推移，通往夜间的吊桥被扯起来，很快只剩下哗哗流水声。窗边的一个壁架上摆着一瓶洗发香波，用粗体印着既熟悉又怪异的词儿"多合一护发素"，赫然宣示白昼的现实具有至高无上的地位。

　　仅仅在45分钟之前，这个国家仍处于一片静寂之中，然而在此后的30分钟内又有多少人洗头、打领带、找钥匙、刷去衣服上的污垢、朝着自己的配偶大喊大叫。这位会计师家中的诸种琐事也在首都周围巨大圈子内千千万万个家庭中重演，从福克斯通到艾尔斯伯里，从黑斯尔米尔到切姆斯福德。闹钟在罗廷丁和哈里奇响起，这些闹钟摆在松木架和大理石桌面上。有些闹钟会振

动，有些闹钟会让声音悦耳的新闻广播员开口说话，仔细分析飓风的走向和各种货币汇率的走势。

　　洗过淋浴，穿好衣服，这位会计师会吃一碗"脆果"牌玉米片，随后便匆匆拎起手提袋和雨衣在冷风中赶往火车站。到了室外，人们会觉得自然界居然仍旧存在是一件奇怪的事，而且静谧安详，对人类的忧虑漠不关心。清晨的天空将昨天的狂风骤雨荡涤干净，而且毫无怨恨之意。这是一幅清纯的美景，激励人们在自己心中寻找活力和愉悦。

　　车站上的荧光屏显示火车会正点到达。这位会计师走到多年来刷上一层层油漆的维多利亚拱门下的站台终端，从西区戏剧演出海报和富有历史意义的古城堡一日游广告前走过去。有一架飞机在头顶飞过，大约是一位老飞行员一早便出航。也许飞机上有一个小孩此刻正在凝视地面，在窗子那么大的范围内看到这条铁路线由海岸蜿蜒通往城市。地面上，一列绿色火车出现了，它朝空旷的大地鸣响汽笛，向两侧微微摇摆。车灯亮着，照在车轮上发出反光。

　　走进车厢，我产生一种感觉，好像自己打断了教堂里会众的聚会。冷空气刺入早在铁路线起点便开始，在麦田里弥散开来的白日梦。已坐下来的乘客既不抬头也不明确表示已注意到有人走近，不过他们灵巧地挪动肢体让她费力地走过他们身边，在一个空座位上坐下。这表明他们知道有人走过来了。火车启程了，再度有节奏地沿着150年前铺设的铁轨咔嚓咔嚓前行，当时资本首次把工人从遥远乡村里的床上拽起来，那边远的农田一度曾是当地居民所知晓的全部世界。

若是考虑到大家同属人类，我们便会认为车厢里的沉默不可思议。乘车上下班的人假装在专心致志地想其他事情，这样仁慈得多，不必暴露他们私下如何互相评价、论断、谴责或仰慕。有几个人大胆地朝这里瞟一眼，往那里瞧一眼，像小鸟儿啄食谷物一样，偷偷摸摸的。只有在撞车事故发生以后，人们才会确切知道车上有哪些人，知道国家经济中的一些小角色在撞车前曾经无害地坐在走道两侧，他们是旅馆、政府部门、整形手术诊所、果树苗圃、贺卡公司的雇员。

大家都在看报。要紧的不是搜集新消息，而是让大脑有事可做，不致沉溺于内省的思绪中，昏昏欲睡。对着报纸瞧犹如把一只贝壳举到耳边细听一般，涌入你耳际的不是海潮般汹涌的声音，而是感觉到鼎沸的人声扑面而来。今天的报上有一则消息说，一个男人开车时睡着了，其原因是他彻夜不睡，在互联网上与人通奸。结果他的车翻下立交桥，砸死了桥下一辆拖车里的一家5口。另一则报道说，一位貌美而且前途似锦的大学生参加过晚会后便失踪了，5天后有人在一辆微型出租车后座上找到她，已被人剁成几块。第三条消息详述一位网球教练和她13岁学生的风流韵事。这些报道显然都是疯狂的灾难，反倒悖论式地使人感到轻松自在，因为这些事情使我们觉得自己神经正常，同那些人相比洪福齐天。我们可以将这些故事弃于一旁，体会可以预见的日常

244.

生活带来的宽慰。我们会庆幸自己严格控制住了欲望，而且感到自豪，因为我们克制住自己，没有给同事下毒或者在露台下与人闹翻。

窗外闪过熟悉的小场景：一个发电站，一块荒地，一个存放邮件的仓库，一片老树林，一群穿着灰蓝色制服的女生，一团在西边天际伸展的浮云，高速公路另一侧的购物中心，一条晾衣绳上荡来荡去的内衣，随即渐渐出现乡间别墅的后院，预示火车即将到达伦敦的中心地带。

在会计大楼那儿，雇员们通过厚玻璃门走进去。他们是在维多利亚车站、法林顿车站、伦敦桥车站和滑铁卢车站下车的，以后再驾车穿越隧道，乘嘎嘎作响的柴油公共汽车，穿过机场大厅，慢跑穿越公园或骑自行车先翻过山坡再走过大街来到这里。无论以何种方式，他们不让别人知道自己正奔那个蜘蛛网的中心而去。他们吃大相径庭的早餐，如丹麦酥皮饼、前一天晚上剩下的咖喱饭、香肠、苏格兰煮蛋以及一碗碗的"开心"小麦圈和可可玉米片，这些名称起得欢快，使乘公交车上下班的顾客满怀希望。

雇员们径直上楼去，并不向四处看。若要在办公室里感觉自在就不能留意大厅里那座古怪的银色雕塑，就必须忘掉第一天来上班时这地方多么令人感到陌生。开始工作即意味着自由的终结，不过那也是疑虑、强烈和任性的欲望的终结。这位会计师的10 000种前景减到令人惬意的少数几个。她有一张在开会时可以递给别人的名片，告诉别人，也许更有意义的是提醒她本人，她是营业部高级经理，并非一个附属部门中可有可无的人物。同事们做出种种揣测，令人有受牵制的感觉，不过也叫人心满意足，总比早上一个人被迫孤零零地沉思默想自己原本可以成为何种人物、现在却已永远无法成为这种人物好些。半小时后，她预定要与一位保险经纪人见面，还有一点时间去食堂买一份松饼和咖啡。太阳将一层露水蒸发殆尽，在办公室的一天刚开始的时候，淡淡的怀旧思绪也荡然无存。人生不再是神秘、悲哀、萦绕于心、使人感动的，令人迷惘的或忧郁的，它只是目标清澈的行动之中的一个实在环节。

3

在 7 楼一间会议室里，10 个人聚集在一起商讨伯明翰一家公司的审计进度问题，这家公司为食品工业生产塑胶封装。这些人年纪、资历不等，从坐在会议桌首席仅穿衬衣的资深合伙人，到那位刚刚入行穿色彩明亮的条纹西装的年轻人，他去年夏天才大学毕业。会场上有人开玩笑、善意地互相揶揄，令人想起一位教师和一群傲慢却恭敬有礼的学生的对话。"看昨晚的比赛了吗，刺猬。"那位资深合伙人问坐在他右手边的年轻人，这人的头发很艺术化地烫成一个个尖锥。"当然看啦，鲁宾逊。不过，下个周末我们就会抹掉你脸上的笑容。"对方反唇相讥道。

过去 1 个月以来，审计组的 5 个年轻人每星期都到伯明翰来，住在城市南郊塑料厂附近的汽车旅馆里。他们白天在这家公司的财务部工作，翻阅账目，在笔记本电脑上分析数据。到了晚上，他们常去"印度之星"吃饭，那是一家孟加拉人开的餐馆，就在"科尔迪茨"[1]复式车行道对面（"科尔迪茨"是他们给自己的住处起的绰号）。出差条例规定，经理以下人员可以报销 20.50 英镑晚餐费。

要让会计师们详细谈谈他们的工作是很不容易的，他们觉得一个平民百姓表现出的好奇心一定是出于嘲弄的目的。自从毕业时宣布从事这一职业以来，他们早已经习惯在大千世界中经历的种种人情世故。我执着地发问，他们出于本能的反抗渐渐让位于发自内心，精通一种非常复杂的技艺的自豪感。

我同埃米莉·万聊天。她今年 28 岁，最近刚从公司的上海办事处调到伦敦。以非常优秀的成绩毕业于上海交通大学后，她在那儿找到了职位。她把审计工作过程比作一件木匠活儿。她笑着说，若是没有她，资本主义制度便无法运作。全世界的审计程序是一样的，因此会计师可以与外国同事配合默契，一道工作，就像飞行员之间的合作一样。那些规则已编辑成一部 4 000 页的会计行业内的《圣经》，书名为《全球审计方法》。我把它带到床上读。在伯明翰，每一位审计组成员都有义务提供某一方面的材料支撑客户公司的资产负债表，一个人调查它的固定资产登记，

1　Colditz，德国萨克森州的一座城市，以科尔迪茨城堡闻名于世。——译者

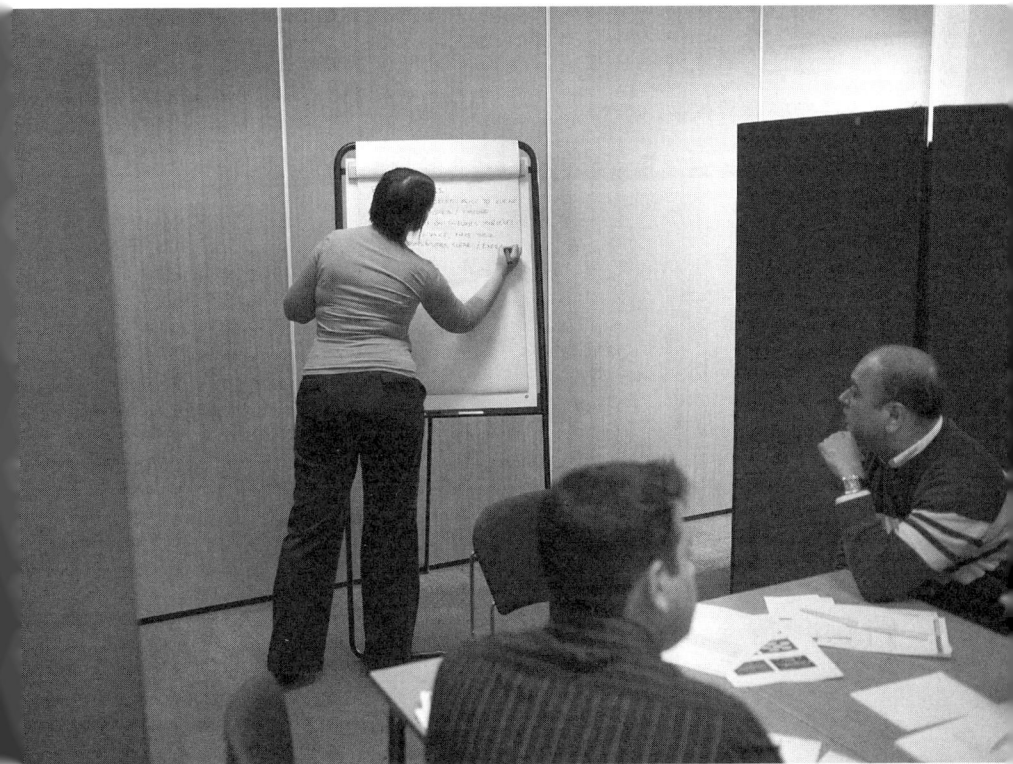

另一个人则查询它的负债情况，第 3 个人负责核查它的应付账款，第 4 个人走访债权人，第 5 个人跟进供应商。审计完毕时，那位资深合伙人要在 600 份表格上签字，在法律上承担账目准确无误的责任，从而使潜在投资者充分信任该公司，让他们的钱通过漫长无形的数码道路奔这家公司而来。

眼下，这个审计组正在设法查验增值税计费系统是否可靠。他们在图上标出过去 6 个月以来 1 亿英镑在客户公司内部的流动情况。由于缺一份档案，作为非审计服务的"年金契约独立维持情况年度报表"只得令人恼火地推迟完成。

虽然何谓"自然的"、何谓"人工的"常常要靠仔细观察方可区分，自从人类在非洲大裂谷显身，25 万年已经过去。我们无法否认自己仍旧远未达到人类的生存条件，不能不钦佩人们在订立协议、合同中令人费解的附属条款时所下的工夫。在从前的社会里，人们献身军事冒险或宗教狂热，这些程度不等的奉献已被集中到精确的数字计算上。历史或许会仔细描述英雄业绩和戏剧性场面，但是没有几个人最终到达公海，许多人仍滞留在海港中，在那儿解开锚上的铁链，清点绳索。

显而易见的是，会计职业使它的从业者以一种奇特的眼光看待世界。那些会计师们不问我怎样写书，为何写书，却问出版一本书的税是否可在几年内付清，或是一出版便全部付清。他们像泌尿外科医生，对于这些人而言，一个病人的首要器官总是肾脏。

更令人印象深刻的是，他们似乎并无意从事那种有望留下持久影响的工作。他们内心深处存有发挥自己智慧的自由，正如司机发挥他们的认路才能一样，客户要他们去何处他们便去。这个星期可能有人要他们处理一个钻油平台的融资问题，下个星期则是一家超市或一个光导纤维厂的纳税责任问题，他们却不会留下来应付亟待处理的该公司的内部规划以及由此引发的弊病和烦恼。他们无意让陌生人了解自己或让人记载下他们应对目前全无迹象，却很快就要发生的事变的真知灼见。他们已甘于默默无闻，而且心理上完全接受。他们已很有风度地接受事实，即自己没有多少机会在审计事业中获得不朽的声名。

4

在 1 楼的一间会议室里，25 位新手正在为期 3 年的会计培训班里听课，这是第二周。上个星期有人向他们大致介绍过撰写财务报告的原则，这个星期会有人带他们熟悉公司保险制度的运作机制。为了让他们振作精神，公司还用车载他们去伦敦以外的一家环境幽雅的旅馆会见董事长，还去一个矿泉疗养地待了一下午，做理疗和按摩。除此之外，还有人带领他们结识公司的精神治疗医生，了解公司里干洗机的用法，拜会信息技术部主任和会计师中男女同性恋者协会的负责人。这个协会的会员在每个月的第一个星期二聚在一起饮酒。眼下，培训班的学员们已听了半个多小

250.

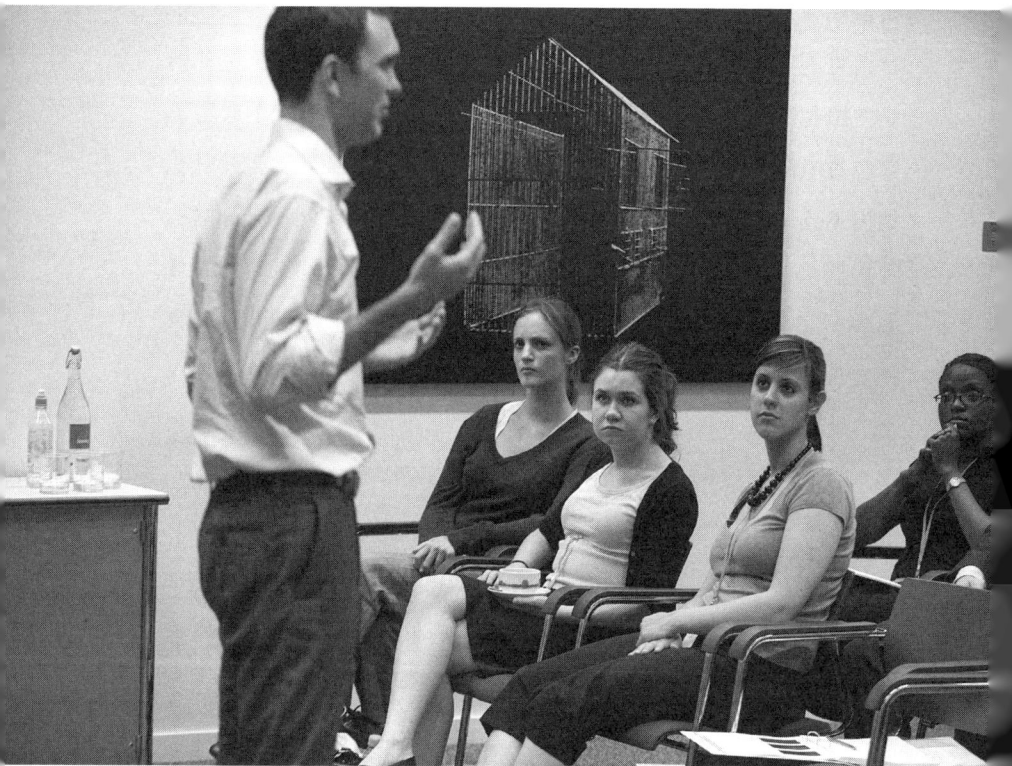

时课，许多人已表现出疲倦的神色，于是课程指导教师便提早下课，让他们品尝门外摆放的牛角面包和丹麦酥皮饼。

在人类历史上的大部分时期，促使雇员积极迅捷、尽职尽责的唯一工具是鞭子。工人们跪在脱谷房的地上捡回散落的玉米穗或把开采出的石料拽上斜坡时，工头可以经常痛打他们，他不但不会受到惩罚还会得到好处。但是，在有些职业中，若要从业人员充分履行职责，就要使他们在很大程度上感到满足，而不仅仅是恐惧或顺从。一俟出现这样的职业，便必须改写就业规则。人们一旦明白，一个有本事切除大脑里的肿瘤，起草有约束力的法律文件或出售公寓的人，若是心情欠佳、愤愤不平、郁闷或生气便不能有效地工作，雇员的精神健康便开始成为管理层最关注的事情。

对世界上所有玻璃高楼里工作岗位的监管不能依赖雇员对来自外部权利的惧怕。监视塔无助于激励雇员发挥更多聪明才智去起草延期纳税计划书，促使高级经理人员十分耐心、敬业地处理他们负责的事务。这些高级首长们已失去了 18 世纪船主们的傲慢风度。真令人羡慕，那些船主可以在奴隶刚刚表现出患上败血症的迹象时便把他们推入大西洋中。新一代的权威人物必须莅临日间托儿所和一月一次的职工联谊会，谈笑风生地询问下级是否喜欢自己的工作。

简·埃克斯泰尔是这家会计师事务所人力资源部的主任，在 6 楼办公，负责把权力的铁拳装进天鹅绒手套的一应事宜。她最

近组织了一次风景画绘画比赛，旨在使审计员们发挥出潜在的创造力。眼下，为了进一步鼓舞士气，她忙着在大楼走廊里和问讯处那儿挂上匾幅，上面是配有图片的警示语："我们的行业箴言：我们是谁？我们为什么而工作？"

假如简·埃克斯泰尔来到凡尔赛宫，即使是置身于路易十四的宫廷里的圣西门[1]这样一位日记作家也必须少说话。多亏她，这家事务所制定出绝不容忍恐吓和散布流言蜚语的政策，为心情不爽的雇员设立 24 小时热线，还召开讨论会让大家发泄对同事的不满，建立颇得人心的机制，借此让一位经理的口臭毛病在他的一位下级面前暴露无遗。

采取这些革新措施是基于一个信念，即工作场所的人际关系一点不比家庭关系简单或缓和，甚至会有更多困难。想到《美狄亚》[2]里的场面，我们看到至少家庭是一个得到承认，获得批准的可以爆发歇斯底里的场所。而办公室里的活动则在浅薄欢乐的掩

---

1 Saint-Simon（1760—1825），法国哲学家、经济学家、空想社会主义者，发表《一个日内瓦居民给当代人的信》，主张应由科学家代替牧师的社会地位。——译者

2 欧里庇得斯的悲剧《美狄亚》（约公元前 413），取材于神话。美狄亚是科奇斯岛会施法术的公主，也是太阳神赫利俄斯的后裔。她与到岛上寻找金羊毛的伊阿宋王子一见钟情，帮助伊阿宋取得金羊毛。伊阿宋回国后，美狄亚用计杀死篡夺王位的伊阿宋的叔叔，使伊阿宋夺回王位。后来伊阿宋移情别恋，美狄亚由爱生恨，毒死伊阿宋的新欢，并杀死自己的两个儿子。——译者

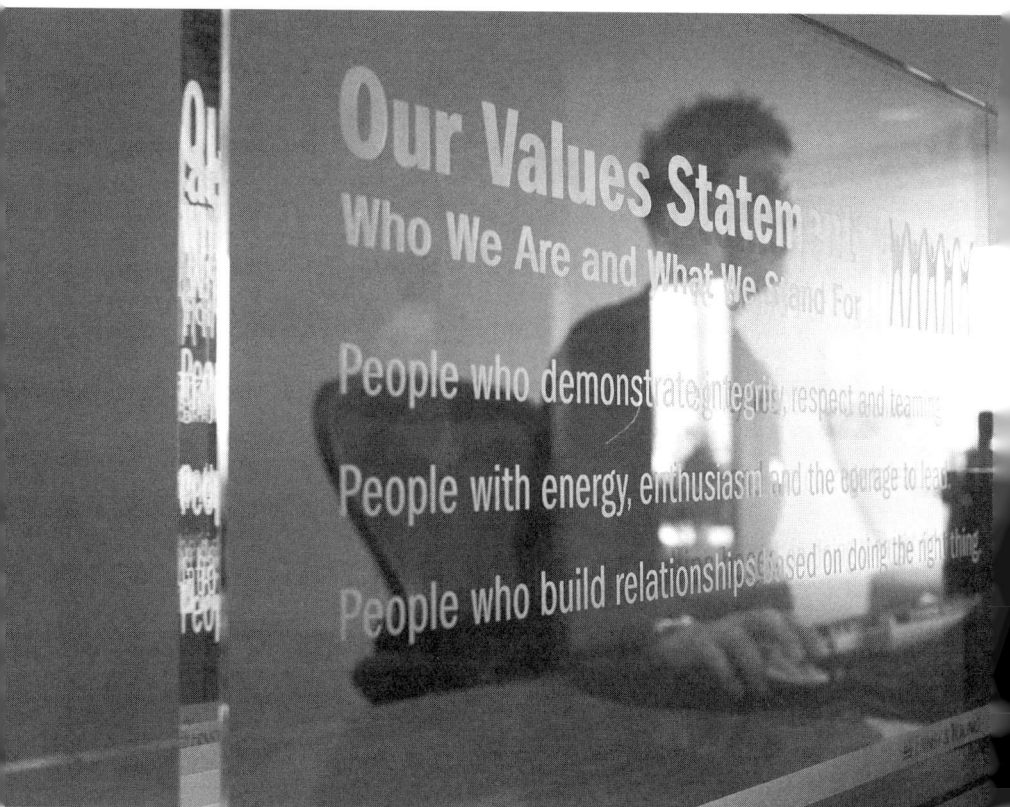

护之下进行，使工作人员完全不知所措，无法应对在同事之间萌生的愤怒和悲伤的情绪。

人力资源部采取的方法显得牵强，但实际上这种不够自然的方法也使他们获得了成功。在这种详尽周到而且消磨了一整天的讨论会和小组意见反馈会上，允许员工们男子气概十足地抗议说，这样的培训只会使他们屈从于某些规则，学不到其他任何东西。然而，这正像在家庭晚会上的情形，客人起初会挖苦提议玩图画猜物游戏的主人，接着他们会吃惊地发现游戏开始后自己便找到了发泄敌意的渠道，能够确定自己情感所系，也逃避开虚情假意的聊天带来的痛苦。

的确，埃克斯泰尔的职务是前无古人的，她使用的职业用语也是前人不曾用过的（诸如"客户关系""个人烙印"）。从事这种职业的人十分少，因此人们会觉得她是一个多余的病态人物。不过这样想便错误地理解了当代事务所非常特殊的性质，它是一个生产想法的工厂，依赖成千上万员工彼此恰到好处地沟通的能力，以满足客户过分的苛刻要求。再往深处说，它是一个经不起窝里斗的实体，不能容忍各部门之间不通信息，对不甚公平的薪级表心怀怨恨，经理衣领上出现头皮屑，公司发布的文件中将不定式分开的写法，有人伸出湿漉漉的手去抓重要合同文件，等等。因此这个实体亦无法摆脱小心翼翼地安抚雇员的常规做法，如请他们去唱卡拉OK，实施"本月最佳员工"奖励方案，送优胜者乘船游览，让他们与董事长共进丰盛的午餐，等等。

5

很长时间以来，我一直想见到这位董事长，但是他先是去了俄国，以后是印度，后来又是美国，虽然后来我可以肯定我曾看到他在伦敦总部跨进电梯。根据官方说法，有段时间他在楼上办公，但是太忙，不能接见我。最后，他终于应允给我半小时，同我谈谈事务所的发展前途以及他的职业所面临的挑战。

我们面对面坐在一个没有多少家具的房间里，公共关系部的主人在一边作陪。除了加强暗示，要我说话留神，我不知道他的在场还能有什么别的目的。

董事长表面上表现得亲切和蔼，却掩盖不住他对作家毫无耐心。同每个工作日一样，今早他 5 点起身，慢跑 40 分钟，7 点以前便开始办公。他管着 12 000 多人，这些人分布在丹麦、喀麦隆、印度、塞内加尔、瑞典、阿尔巴尼亚、北爱尔兰、摩尔多瓦和南非的办事处里。

虽然大权在握，他放弃了所有象征权威的东西。大家称呼他时都只提名不加姓，他没有私人喷气飞机或自己的司机，与别人共用一个秘书。他乘火车上班，甚至没有自己的办公室。建筑师们起初为他设计了一个可以看到伦敦塔桥的专用办公室，但是他坚持要坐在一间普通办公室里工作，他的桌子与一个实习生的毫无区别。唯一与众不同的是，他的电话右侧有一块塑料板，上面印着西奥多·罗斯福一篇演说中的一段话，这位美国总统谈道，为了获得辉煌的胜利就必须发动每一个人,"如果他失败了,至少他是在奋力拼搏中失败的。那些既没有享受过胜利喜悦也不曾品尝过失败痛苦的冷漠、怯懦之徒永远不配与他相提并论"。

董事长的家具令我想起 W. H. 奥登在 1948 年写的那首诗《经理们》:

从前糟糕的日子倒也不坏:
阶梯的最上层
坐着倒也很不赖;
成功意味着许多好东西——
悠闲、大餐、更多的宫殿
那儿塞满更多的书籍、姑娘和骏马,
从此以后他便轻松自在
让人抬着上山去,
瞧瞧别人怎样行走。

不过,奥登明白领导权在谁的手中。他质疑道,在现代:

哪一位画家愿意
描绘湖里现身的胜利者
他赤身裸体跨上海豚背
周围有一群小天使守卫?

当然，权力并未完全消失，只是重新配置。董事长以普通雇员的姿态出现，最大限度地保住自己的高位。他做出与众人同呼吸共命运的姿态，他的下级因此钦佩他的真诚。其实他内心里意识到，只有摆出常态才能使自己不致再沦落为普通一员。

董事长还被迫放弃高声发号施令的权力。他不能斥责欧洲工商管理学院和沃顿商学院的毕业生，剩下的唯一手段是劝导。每个月总有三四次，他在自己帝国的不同角落里走上讲坛、脱下外衣、望着听众席上的 3 000 名会计师，背对着身后的幻灯片背景对大家说他们都是令人钦佩的专业人士，然后再迅速转入下一个话题，建议他们改进工作方法。他像信仰衰退时代的传教士那样语气谦卑，态度恳切。

他在工作上的成功显然更多地依靠运气而并非业绩，即在经济史的顺流中如何审时度势，发挥主导作用。他像战场上的一位将军，在炮弹爆炸声造成的混乱局面中徒劳地努力企图造成局面仍控制在他手中的印象。

或许董事长觉察到我所关心的问题。可是他似乎并不将我们的会面当作一个传达有益信息的机会，而是在做一项危险的实验，看看自己能否不说有可能于他不利的话，一句也不说。换言之，他想尽可能地表现得乏味。他执着地以愉快却又不带感情色彩的口吻同我说话，那语气通常是对一群人讲话时才用的。

我请他讲讲事务所的发展前景。

他回答说："没有人产生过那种错觉，认为我们遇到重大挑战。相反，没有人怀疑我们有一些极好的机会。"

他想为他的雇员做些什么？

答曰："我们所有的人和合作伙伴都希望成为一个获胜的，一定会成功的团体的一部分。这个团体正在赢得市场份额，因此也在为所有的员工创造机会。"

他喜欢旅行吗？

答曰："我们很幸运，因为我们已成为一个成功的全球性行业的一部分。但是我们一定要做得更多，为我们在世界各地的机构和市场做出最大贡献。"

他的事务所与竞争者有何不同？

答曰："我们的员工就是客户眼中的品牌，一种特别的与客户打交道的经历只能由我们的员工身体力行，通过实现自我价值观去创造。"

就这样东拉西扯 20 分钟以后，我非常想问他，最近一次他正在开会时闹肚子是何时的事。不过他以这种方式谈话并非是想保守秘密，而是多年来在世界上飞来飞去，在空调中生活，出席重要会议时养成的习惯，这使他淘空了个性。也许 10 年来他一直独自待在一间房里，无所事事。我的厌倦之意已演化为对这个人的怜悯，他却根本不以为自己有可怜可悲之处。

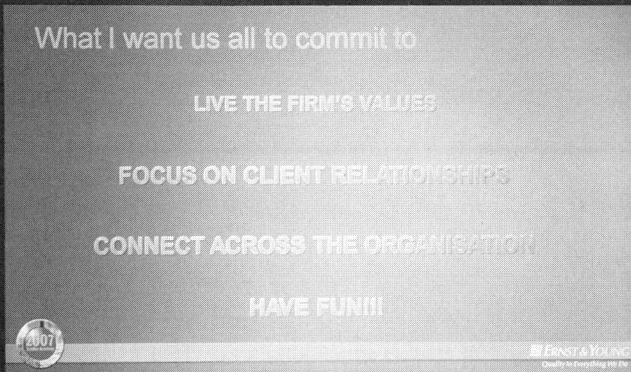

6

午饭时间到了，随之而来的是由门廊弥漫到楼上的油煎食物发出的诱人香味。员工们可以在内联网上看到食堂的特价优惠菜。星期五的特价菜是"当天捕获的面糊炸鲜鱼，配塔塔汁和柠檬片"。星期五吃咖喱食品，星期二是"烤火鸡和各种花色配菜"。为了避免让来吃饭的人耽搁时间，网络摄像头在播放餐厅里排队的实况。

不过并非所有的人都能在吃午饭时放松一下。在这座大楼顶上的一排供高管就餐的饭厅里，一些资深合伙人开始在盘算如何从国内最大的企业代表那里收取数百万酬金的复杂问题，却装作只对最近的假期和孩子的教育感兴趣。这些可能正处于博弈中的钱数目巨大，普通零售商人或打电话做推销的人手里流通的数目根本无法与之相比。他们只是在肮脏的底层乞求顾客惠顾，而这些资深合伙人早已学会像医生或大学教授那样摆出稳重超然的姿态。

马克是在东翼吃饭的合伙人，他在名为"与客户讲话的方式"的培训课上完善自己待人接物的方法。这个培训科目旨在帮助学员开发五项均以字母 C 开头的技能，即信心、商业技能、交流技能、个人才能、奉献精神。[1]授课地点安排在北安普敦郊外森

1　这 5 个词组对应的英文原文是 Confidence, Commerciality, Communication, Capability and Commitment。——译者

林边的一座旅馆里。有一次晚间上课时，一对狐狸从窗外瞧着马克，当时他坐在摆着纸盘子和塑料刀叉的餐桌边，排练如何与想象中的客户一起进餐。

如今马克对面坐着一位真正的客户，他是阿伦，英格兰第三大牙科器械生产厂家的财务总监。他们在谈话中闪烁其词。第一道菜尚未端上，两人已经谈到板球、科莫湖[1]、一级方程式赛车，相比之下太阳能电池板何等低效以及伦敦的鸽子。马克今天特别累，因为他昨天在苏格兰阿伯丁的万豪酒店参加过一个石油行业的会议，讨论用远期交易和期货来抵押贷款，以建立增加现金流动、为发展注资的机制，一直忙到很晚才回家。好在窗外的景致还吸引人，他们可以再花几分钟辨认哪一座建筑是劳埃德大厦。墙上挂着一幅画也可充作谈资。这家事务所喜欢艺术，刚刚搬进新总部办公时给一家艺术品收购公司提出要求，让他们用青年艺术家具有刺激性、吸引人的眼球的作品挂满几乎所有的空间。因此餐厅里也挂着一幅大照片，是一头母牛正要迈入一条浑浊的棕色河中去。背景大概是印度，母牛大概正想自杀。

与此同时，吉列尔梅正在餐桌之间忙碌。他今年 42 岁，来自巴西南方的巴热，受雇于一家独立的餐饮公司，在午饭时辰和晚间做侍者。他在工作时曾遇到埃克松集团、布拉韦哈特投资公

1　科莫湖位于意大利北部科莫市。湖区以自然环境优美和湖畔雅致的别墅闻名。——译者

司、达纳石油公司、印达古石油公司、欧米茄集团、齐多尼克
PLC 公司的总裁们。其实更恰当的说法是，他曾与这些人短暂地
同处一室，因为这位 6 个孩子的父亲，褐色眼睛的英俊男子不大
可能给他们留下特别深刻的印象，他曾用一只银篮子为他们奉上
面包。

今天首先上的是蟹烩意大利扁面条，以后是金枪鱼条与炒土
豆。假如你雇马克为你出主意，你每小时得付给他 500 英镑，但
是你只要花 7 英镑便可雇到吉列尔梅。这差别不仅是由两个人祖
国的历史和不同的繁荣程度决定的，也是由于马克先花费 3 年时
间攻读一个法学学位，以掌握审计报告规范，后来又在国王十字
车站的英博夏尔学院¹ 学习过两年。另一个原因是，他是注册会计
师协会的会员，已辛勤工作 15 年，由见习会计师升任主管，由主
管升任助理经理，由经理升任高级经理，最终由合伙人升到资深
合伙人位置上。

过了好几个月，阿伦终于拿莫扎特歌剧《女人心》的戏票
和雷诺阿风景画展入场券对马克小心翼翼要钱的表示做出善意的
回应。至于吉列尔梅，签证期满后他会被遣送回国，虽然他不情
愿走。

---

1 英博夏尔（BPP），英国最大的专业教育机构，1976 年成立，是英国最大
的税务培训公司，同时也是欧洲最大的会计师、清算师培训公司。——
译者

7

午饭后这里一片宁静，令人纳闷，仿佛人们对远古午睡的记忆阻碍他们在白天充分发挥精力。在 7 楼，工作人员坐在桌前，聚精会神地在电脑上工作，看文件。打印机不时呼呼响起，吐出纸张，像刚刚出炉的百吉饼，带着挥之不去的热度。

开敞式办公室整齐一律，桌子完全按照员工的首字母缩写排列，例如 ML6W·246。但是员工们蔑视这一套，在他们的工作地点表露出个性。毡板上贴着家人的照片，有时还能看到杯子或小饰物，印有此人崇拜的运动队的标志或度假地的标示。如果蹲在地上，你可以看到很多人脱了鞋子在地毯上来回蹭穿着袜子的脚。这一举动不仅引发透过棉袜的脚与含尼龙的织物的摩擦，也使人感受到对规则的轻微破坏会将家居的亲切感带入工作场所。

有经验的工作人员善于将环境家居化。他们懂得把带来的食物藏在公用厨房的某一角落里，知道如何选好上卫生间的时间，以免不得不坐在马桶上与某一同事攀谈，而他们与此人不久前曾在一间味道难闻，气氛紧张的斗室里共处。热火朝天的生产活动被晚餐计划，新的风流韵事，对电影明星和杀人犯古怪行为一针见血的分析打断。一天里真的用来创造财富的时间少之又少，却有很多时间用于做白日梦，以及从梦中醒来，恢复常态。

透过窗子，他们可以看到人们穿着便装在河边漫步。这些人悠闲自得，令人不禁质疑这座大楼里展现的更深刻的工作逻辑是

什么。忙于做事时，一个人总会觉得一些宏大的问题与己无关，他只是在为 4 点钟的一个会议准备文件，或是应此人要求，为满足彼人的需要在班加罗尔做一场报告。不过话说回来，这些会计师们也是总结工作生涯之意义的专家。依仗雇员准备年终财务报表的技艺，这家事务所获得了最大份额的收益。这份报表在介绍运营资产、资本收入、借出款和债务的冗长导言后，用以下列数据说明 1 年来的收益：

	今年（英镑）	去年（英镑）
营业额	50 739 954	30 719 640
毛利	**10 305 392**	**7 003 417**

这些数据揭示出办公室生活的真相，无可辩驳。但是一位进化生物学家会自豪地提醒我们，说生存的目的在于基因的繁殖。与之相比，这种真相仍然是不着边际或令人不快的。僵硬的年终账目其实只是强调，创造多少财富才能成为去做其他事情的借口，诸如早上从床上爬起来，在投影仪前煞有介事地讲话，在国外旅馆房间里插上笔记本电脑，做市场占有率的分析报告，以及向凯蒂长及膝盖的灰色羊毛短裙投去热切的一瞥。早在钱挣到手里之前，我们便意识到必须让自己不停地忙碌，我们明白砌砖、将水从容器里倒进倒出、把沙子从一个坑里铲到另一个坑里的乐趣，却从来不去费神考虑这些行为有何种更伟大的用途。

8

说起那条短裙，我得补充一句，凯蒂是北欧散客部主任的助手，22岁。今天正在为老板的斯堪的纳维亚半岛之行安排行程，他会在两星期内启程。凯蒂的桌子上有一本《哥本哈根览胜》。她为老板预定了这个城市帝国旅馆楼上的一个安静的房间，安排在7：30与当地办事处的主要成员一起吃早饭，其中有索伦·斯特罗姆、拉斯·斯科夫·克里斯腾森以及莫滕·斯托克霍尔姆·布尔。

凯蒂大概是附近唯一能够集中注意力做事，不为自己的脸蛋和身材着迷的女人。她的美貌不免令人想入非非，人们容易在不知不觉中以严厉不耐烦的态度对待她，会被她误认为他们冷漠，甚至粗鲁。该事务所的行为准则明确规定："我们不能容忍在工作场所发生性骚扰事件，包括以不尊重的口吻谈论别人的外貌；使用下流的语言；提出涉及别人性生活的问题；侵犯别人的尊严的身体接触或在同事中造成令人不安、带有敌意、有辱人格、令人感到羞辱和无礼的工作氛围。"

从表面上看，该行为准则极为充分地捍卫无辜一方的权力，令人钦佩。不过对于这一段措辞严厉的文字还可以有一种更愤世嫉俗的、自私的解读方法。真正受到保护的也许不是一个受到下流猥亵伤害的人，而是该公司。凯蒂的短裙引发的情感具有危险的煽动性，这种情感势必破坏公司的基本运作规程。它有可能暴露一个令人尴尬的事实，那就是我们会发现做爱比做工作有趣得多。

公司对员工的嫉妒倒也很平常。若要想做成一件事情，历史上每一种社会形态都必须调节人类的性冲动。我们居然天真地认为自己思想开明，这阻碍我们认识到，在职业行为准则之下遮掩着多大程度上的旧式性压抑。

另一自相矛盾的现象是，这类压抑事与愿违，往往导致性行为，因为色情的本质特点便是，它恰恰会最充分地勃发于受到最严厉禁止之处。在 14 世纪，圣母修道院是性事最最泛滥之地，而当今最最淫荡之地则莫过于公司里隔成一个个格子的开敞式办公场所。办公室之于现代世界恰似修道院里的生活之于中世纪基督教世界，是能够激起欲望、力量无比强大的纯洁之地。

如果修道院和办公室曾对那些表现出有犯罪迹象的人予以严厉惩处，那是因为它们都是或一度曾经是社会最看重的价值观之所在，一处是基督的教诲，另一处则是金钱。金钱与办公室的关系犹如上帝与修道院的关系。不论肉体的欲望受到何种语言的谴责，不论是针对性骚扰的政策还是关于罪恶和撒旦的说教，它们只是相似的异端邪说，因为它们竟然敢于拒绝公认的目标，无礼地暗示世上还有比股票行市或耶稣基督更有价值、更强大的力量。

对性欲的压抑至少在一个领域里仍是有收益的，就像已付股利一样。很符合逻辑，在春宫文学作家的想象中，办公室和修道院均异乎寻常地屡屡出现。现代早期的色情小说绝大多数均描写晚祷和礼拜仪式时教士中的放荡不轨和鞭笞，而当代互联网上的色情文学则无休止地描写办公室员工在工作场所，在电脑前口交和鸡奸。对此，我们一点也不会感到惊讶。

9

到了 6 点，办公室里的人开始离去。1 小时之后，只有那些忙着准备很快就要用到的陈述和报告的人留下来。有些人要在桌前度过漫漫长夜，凌晨 1 点左右会有人送来可乐和比萨饼，那时他们会休息一下。

太阳已接近地平线，在大楼的玻璃上投下橘红色的光芒。今天他们做了什么？一个员工给客户出主意，说明从斯洛文尼亚进口苹果会涉及何种税务问题，另一个人写了一篇论文，比较 5 个西非国家的营业税有何不同，第三个人给人发胸牌卡，将 300 个打进来的电话输入电脑。这些成就无疑会随着时间的流逝失去部分意义。从现在起再过 3 年，7 月 29 日下午的日记便几乎无人能够读懂。它被分割为以小时为单位的小节，每节用于与不同的同事会面，他们的名字和面孔都已变得模糊。

咨询部的一个员工走向伦敦桥车站，从那里乘火车回肯特去。他在路上停下，在一家超市里买一瓶葡萄酒和一块蘸奶酪汁的鸡胸。他整天都不曾离开办公大楼一步，因为他在忙着做一份数据表格，分析一家美国医疗诊断器械公司的投资情况，还要回

复正在丹佛 [1] 做项目的同事发来的邮件。走出有空调的大楼前庭，他吃惊地发现室外那么暖和，泰晤士河显得那么苍凉古朴，那么多人都充满活力，他们个头儿有大有小，行为举止大相径庭。

与平时不同，今晚半节车厢里只有他一个人。12 年来他一直走这条路。夏日的阳光斜照进来，割下的青草散发出的气味从旷野中飘进车窗，阵阵怀旧思绪袭来，征服了他。他把双脚放在对面的座位上，回想起另一些与这个夜晚几乎一样的夜晚。温度相同，天色也是这样晴朗，只是那时他母亲还活着，孩子尚未出生，他尚未离婚。他仔细回想所有不容易做的事情，不做亦可的事情，值得懊悔的事情。他从远处心平气和，居高临下地审视自己的缺陷和失去的机会。生活仿佛只是一部拙劣而又多愁善感的电影，他是其中既值得同情，却又令人厌恶的主人公。他已到喜欢怀旧的年纪，然而就在此刻，就在窗外分散伫立的某一房子里有一位 16 岁的少年，对于这个少年而言，今年这个炎热的夏天是渴望和发现的季节，是一个 30 年后注定会在火车上忆起的季节。现在，这列火车尚未制造出，还只是西澳大利亚沙漠里红色灌木丛中的铁矿石。

公寓里很安静，笼罩在负罪感中。这里万籁俱寂，而在泰晤士河岸上，那位会计师正在网上忙碌。他努力控制住自己，不对一位实习生发脾气，那是因为他注意到有人在早上洗过淋浴后随

1　美国科罗拉多州首府。——译者

手把浴巾扔在沙发上。他面临挑战，不知能否心平气和地结束这一天。他的思想一直集中在办公室里各种事务上，如今这里却是一片静寂，只有微波炉上未定时的电子钟在闪烁。他觉得自己好像刚刚玩过一场无情地考验应变能力的电脑游戏，又突然从墙上拔下插头。他焦躁不安，同时又觉得筋疲力尽，十分虚弱。他状态不佳，无法做事，当然也不可能读书。读一本严肃的书不仅要花时间，还要留出感情空间，使人先产生种种联想、以后再从种种担忧中得到解脱。也许，他一生只能做好一件事情。

疲劳与神经紧张混合后给人带来一种奇特的感觉，消除它的唯一有效方法是痛饮葡萄酒。没有咖啡带来的振奋、酒精带来的松弛，办公室文化便不够合理。借助智利产的解百纳葡萄酒和催眠术的仁慈引导，丝毫不动感情地对人讲述自己白天做过何种行为不轨的事，看看晚间新闻报道的各种灾难，这些都是最终解决方案。

第九章
创业精神

1

在这项研究即将结束之际，我遇到一位研发以太阳能为能源的电动机车发明家，他对我说，谈论现代工作的随笔如果只涉及那些正统、成熟领域内已享有盛誉的行业是不全面的。他督促我考虑考虑那一大批企业家，他们中有许多人待在短期出租的办公室里，坐在二手办公桌前工作，只有一个商标和一张名片能够证明自己是合法经营者。他们每年都有不为人知的发明和服务问世，以期改变人们的生活，同时也改变自己的命运。

遵从他的建议，几个月后，我来到位于伦敦西北部的一个会展中心参加一年一度的旨在把小企业介绍给潜在投资者的展览。那是一个我不熟悉的地区。从利比亚到新西兰的200多家企业在场内租了展位，而且可以享受邻近的"最佳西方"酒店[1]的打折房价。

你能想到的每一经济部门内都有人提出新建议，诸如用于牛群放牧的卫星跟踪系统，寻找打丢了的高尔夫球的手提雷达设备，可充气的战地外科手术室，为打鼾夫妻设计的高密度耳塞，以及为眼镜商定制的礼券分发方案。很多公司都在重新思考生成能源和淡水的途径。3 个瑞典人带来一个用鸡粪做能源的发电站缩尺模型，还有全世界粪便总吨位统计数字支撑他们的理论。进门处，有一群精神治疗医生在展示他们的计划，预备为乘飞机长途旅行的高管提供心理咨询。

这些人提出的建议范围很广，说明资本主义目前尚处于初始阶段。我们认为自己生活在消费社会后期，其实在后人看来，当代最成熟的经济体制仍很原始，就像我们判断欧洲中世纪早期的状况一样。去除体味的除臭剂问世仅有 80 年，用遥控器开关的车库门出现不过 35 年。直到最近 5 年，外科医生们才研究出安全切除肾上腺肿瘤的方法，在心脏中植入主动脉瓣膜。我们仍在等待电脑帮我们确定可以与之结婚的意中人，让扫描设备替我们找回丢失的钥匙，寻找消灭家中蛀虫的可靠方法，还要等待能使我们长生不老的灵丹妙药研制出来。无数新行业是消除低效并且满足人们希望的潜在力量。商业机制的无限发展前景是使人们的心愿得以实现的最有意义、也许是最重要的一个因素。

2

我翻阅出席者名录，产生特别想见到穆赫辛·巴赫马尼的愿望。此人是伊朗人，发明了一双可在水上行走的鞋子。每只鞋里

1　Best Western，全球十大酒店集团之一，在近 100 个国家和地区拥有成员酒店 4 200 多家。——译者

有一块纺锤形状的玻璃纤维，配有微型外置发动机，人穿上它每小时可行走 15 公里，不过同时还需要用合适的滑雪杖保持平衡。巴赫马尼已花费 5 年时间去完善他的产品，在里海度假城市马哈茂达巴德他母亲家附近做过试验，他预计产品在娱乐和军事市场上会有销路。

通过电子邮件，我们两人商定在国际会议中心对面的一家"必胜客"里一起吃午饭。刚刚点了蒜蓉面包和一瓶苏打水，我便得到消息，说巴赫马尼在希思罗机场被拘留了。他们怀疑他企图运进制造炸弹的设备，已把他带到豪恩斯洛的一家移民中心问话。传递这个消息的人是他的同事，穆罕默德·肖拉比，一位科学家。他的老派礼仪和字正腔圆的英语以及粗花呢西装无一不令人想到这是一个崇尚英国做派的人。这样的人现在已不多见，除非是仅限于或完全通过前现代时期文学作品与联合王国有过交往的人士。肖拉比告诉我，他还是想法子把巴赫马尼的促销小册子运进来了，把它们摆在他的展位对面。他俩是发明家协会的同事，这是伊朗的卡塔米总统在德黑兰建立的研究组织，希望借此将伊朗变为一个发明中心。包括鞋子在内，这个协会有 5 件产品在交易会上展出。

此时已是 1∶30，我知道肖拉比一定花了很大气力才找到我，于是我请他同我一道吃午饭。我们点了几只超级至尊，边吃边谈肖拉比本人的发明。那是一种防止汽车和摩托车相撞的系统，这项发明依据他名之为对牛顿第一运动定律的错误的探讨，将重物和滑轮绑在摩托车前轮或汽车挡泥板上。肖拉比对我解释他的公司的广告语的意思：不会再有人死于道路交通事故。说完他从衣袋里掏出一张发黄的纸，是从《德黑兰时报》上撕下来的，上面有关于这种设备装在一辆吉普车上，在米亚内一个伊朗陆军基地试验成功的报道。底下还有一则与此无关的消息，说的是伊朗国家滑雪队的一位名叫侯赛因·萨维赫-希姆沙基的队员在土耳其举行的障碍滑雪赛中的一次冲线。肖拉比觉得遗憾，由于出口限制，他无法把一部用于演示的汽车运到伦敦来，不过他还是邀请我午饭后去逛他的展位，参观他想法带来的一辆儿童自行车。他说，这辆自行车可以充分说明他的发明的原理。待回到展厅里，他迫不及待地跨上这辆自行车在铺着地毯的走道里来回骑行，他的身躯笨拙地伏在一辆极小的车上，使我联想起我童年时代的高把手拱起式自行车。与此同时，他语速很快地谈起安全行车以及对他的发明的抵制。他认为受美国中央情报局鼓动，所有主要西方汽车制造商都在参与抵制。起初他的英语发音还算清晰，随即越来越难听懂。

在与伊朗人隔着几个展位之处，我遇到卡罗琳·奥克利。她是一位从肯特来的年轻母亲，也是压缩"脆薯块"的发明者。每一"脆薯块"中装有12厘米长的灰色炸薯片，数量与寻常的25克袋装炸薯片相同，紧紧挤压成油腻腻的一块。以前在吃她喜欢的零食时必须用上两只手，奥克利有些嫌麻烦，于是她就想到这个主意。她很自信，认为随着时间的推移，找到合适的投资商，

SHOES TO WALK ON WATER

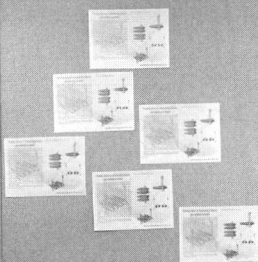

"脆薯块"会像同类谷物食品一样，成为无处不在的小食品。她仅有一个自制的样品，参观者可以触摸，她在一边讲解压缩成块的"脆薯片"与散装在袋子里的薯片相比有哪些显著优点，比如容易放进孩子们的午餐盒里，在厨房橱柜里占的空间较小，过圣诞节时可以塑成松树形，过情人节时又可以塑为心形。销售成品则是奥克利的男朋友的任务。这个热情的年轻人对女朋友的天才十分崇拜，他强迫我从样品上咬下一块品尝，并要我拿一份资料回去。我试图回想还有哪些生活消费品会占用充气货柜里的宝贵空间，而且有一天会因压缩成为棍状而获益，但是我什么也想不起来。我又想到，躲在压缩"脆薯块"后面的这一对恋人或许会从这一企业家生涯的最佳状态中体面地退出，他们会规避邻居好心却在无意中伤害他们的询问，到老年再回头审视发明压缩"脆薯块"的经历。那时塞满阁楼一角，与孩子们弃置一边的玩具做伴的一箱营销材料便成为唯一的纪念品。

企业家精神似乎完全在于一种感觉，即现存秩序不可靠，只是在怯懦地展示可能实现的前景。在企业家们看来，无法做成某些事，无法生产出某些产品既不是正当的也不是必然的，只是说明人们有从众心理和缺乏想象力。不过这种情形也要求他们培养自己讲求实际的精神，领悟难以把握的金融和法律现实，同时对别人究竟是怎样的人有明确认识。这一领域要求他们必须艰难地将想象力与现实态度结合在一起，虽然这不是一件简单的事情。

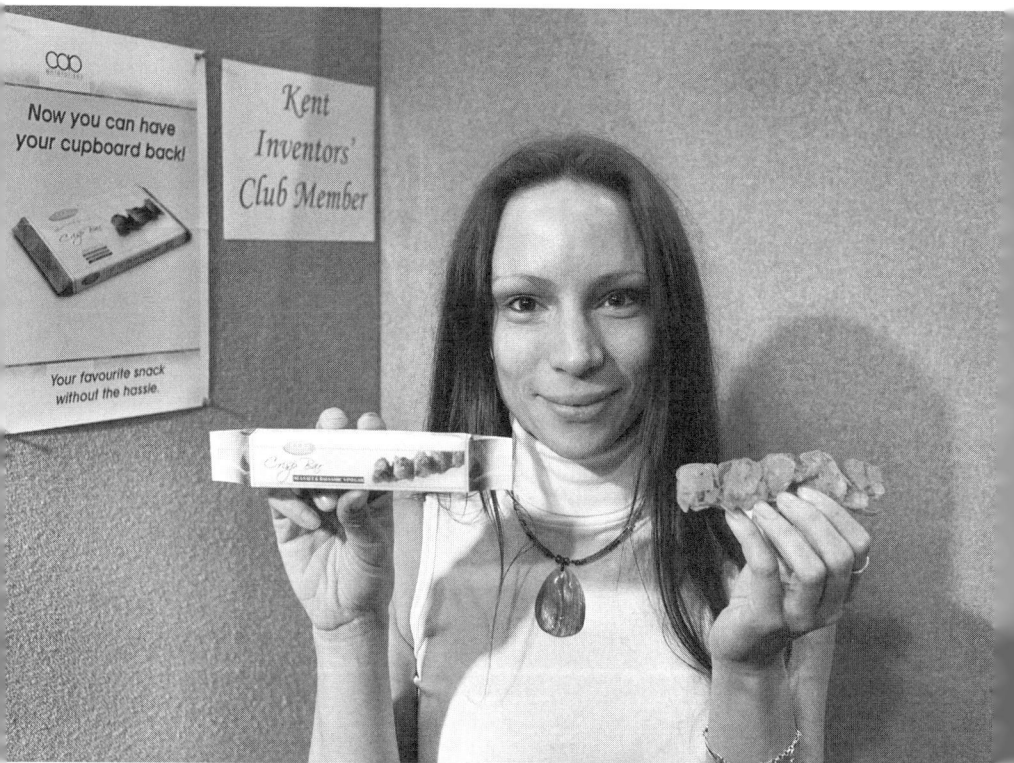

3

考虑到没有多少人能将这二者结合起来，又看到这么多人受
到鼓励去尝试创业，我尤其感到不祥。这个交易会如此受欢迎，
而且得到地方当局和政府机构的大力倡导，这说明创办一种新行
业的想法与现代的成功观念紧密联系在一起。借助具有远大抱负
的企业家令人羡慕的生平传记在社会上广为传播。与之形成对照
的是，舆论对他们不那么能干的同事的破产和常常发生的自杀事
件相对缄默。新创业的公司对当代人的理想至关重要，与为死者
灵魂祈祷的仪式或维护女性童贞在中世纪我们祖先的价值观中的
地位相差无几。

事实上，我们达到资本主义社会顶点的可能性比 4 个世纪以
前人们被接纳进入法国贵族阶层的概率高不了多少。至少在贵族
时代社会更加直率，因此对各种机会也更加宽容。它不会无情地
拿炸薯条大做文章，渲染说所有关注其发展前景的人都有机会，
因此也不会残酷地将寻常的人生与失败的人生加以比较。

我们的时代荒谬地将例外视为规则。一位在新兴行业里投
资，脸上带着嘲讽神气的资本家使我明白改换门庭，切实取得商
业成功的统计概率。他来交易会上看看，这样当天可以不去办公
室，并没有别的目的。他说他会立即扔掉每年收到的 2 000 多份
创业计划中的 1 950 份，以后再仔细读剩下的 50 份，最后在 10
份中投入资金。5 年内这 10 家企业中有 4 家会破产，其余 4 家会

陷入所谓收益低的"垃圾场循环周期"，只有两家会获得可观的回报，使他的企业得以维持下去。这种前景注定会使 99.9% 期待成功的人士失望。

虽然企业家的活动会导致资金和希望完全毁灭，其中亦有一种悲壮的美。受到一份曲意迎合的创业计划激发的乐观主义的鼓舞，人们会在匆忙中把几十年来通过平凡的工作耐心积攒下来的钱转到某一当时他觉得值得信赖的总裁手上。这位总裁会迫不及待地点燃烧钱币的柴堆，在辉煌却又基本无足轻重的烈焰中把它烧光。

几乎所有来参展的人都注定会让自己面对面地撞上兴办成功企业的悬崖而完全失败。比方说保罗·诺兰，他设计出一种装在浴缸底下，可以翻出来的搁物架，用于摆放清洁用品和化妆品。还有爱德华·范诺德，阿姆斯特丹一家酒馆的老板，他花光一生的积蓄研制出"瞬间灭火器"，一种一次性灭火装置，不过这种装置在实际生活中使用价值有限。他们只是众多来参加交易会的发明家中的两位，终究有一天，这些发明家会被迫回到更合适的实现人生抱负的道路上来。

虽然如此，这些企业家们亦应受到颂扬，因为他们表现出人性中值得尊敬的执拗一面。在其他场合下，这种执拗会使我们不受别人威逼便主动与某女士结婚，或者表现得大无畏，仿佛死亡并不一定必然到来。他们表明，在很大程度上人们喜爱令人兴奋的事情和灾难甚于无聊的度日和平安。

午后，我顺道参加了英国发明家协会的一次会议，一个会员正在介绍研制一部安放在火车站里的除臭剂发放机的想法。想到这个主意的原因是，他和其他乘车上下班的人来往于拥挤的站台上时不免会大量出汗。该协会会员一致认为，当今世界的组织运作方式并未发挥出它的全部潜能。他们惯于仔细审视自己的家中和周围环境，看看有没有尚未充分发挥作用的东西，譬如封口不牢的垃圾袋，午餐盒太硬，不易清洗，研究停车标志能否予以改造，在车子即将碰上它们时自动缩进去。虽然我从未发明过什么东西，随着下午时光的流逝，再加上午饭时要的几杯葡萄酒发挥了效力，我觉得自己也可以拿出一些涉及各个行业的实验性想法与大家分享，均是世界经济中至今缺失的，其中包括组建一种新型度假公司，带游客去参观工业基地而不是博物馆。我还想建立一些非宗教性质的连锁小教堂，让无神论者到那里去满足自己迷乱的信仰渴求；我要创办一种新型餐馆，它以指导食客们怎样才能谈话得体，如何交友为主，而不仅仅提供饮食。即使在这些思想十分解放的发明家当中，我提出的项目只是招来一阵令自己不安的沉默。

人们常说，随便哪一个傻瓜都会想到一个好主意，却只有几个伟人能够依靠这个主意开创一番有利可图的事业。英国发明家协会会员们似乎将这个直率的说法颠倒过来，这在一个作家眼里倒是快事，作家天生更适合想主意，却不知该拿这些主意做什么。这些发明家将企业家的明确想法予以升华，使之成为不切实际的幻想。虽然人们强迫他们用风险资本的务实语言说明自己做了些

什么，他们天性本是乌托邦式的思想家，决意要让世界变得更好，每次改造一部除臭剂发放机。

4

傍晚时分，一些据说有企业家眼光的发言者应邀对代表发表讲话。特雷弗·思韦特是一位公务员，他的演讲题目为"如何将一个珍贵的想法变成一大笔钱"。这个题目欠考虑，无法遮掩深藏在主题之下的焦虑。他有三位听众，其中之一是一个马来西亚人，他发明了一只袖珍避雷器。

进行到议程最后一项时会场上变得甚为活跃，一位著名苏格兰实业家大驾光临交易会，大家都简单地称他鲍勃爵士。鲍勃爵士在 40 年的经商生涯中积攒了 10 亿英镑，他计划把这笔钱全部捐给格拉斯哥大学图书馆，部分用心是教导两个儿子懂得金钱的价值。鲍勃爵士起初是做浴室瓷砖生意的，16 岁时他只是一个早熟的水管工学徒，却已认识到这个行业有多么冷酷无情。后来他建立了连锁店，出售 8 000 余种瓷砖，这些瓷砖是在罗马尼亚的一家工厂里生产的，其价格只是英国零售价的零头。经理们与顾客高声谈话的声音在这些光线昏暗的瓷砖大卖场里回荡，他们总会给顾客一些折扣，最终敲响了从阿伯丁到圣艾夫斯 [1] 所有小瓷砖

---

1 St Ives，英国剑桥北面的城镇。——译者

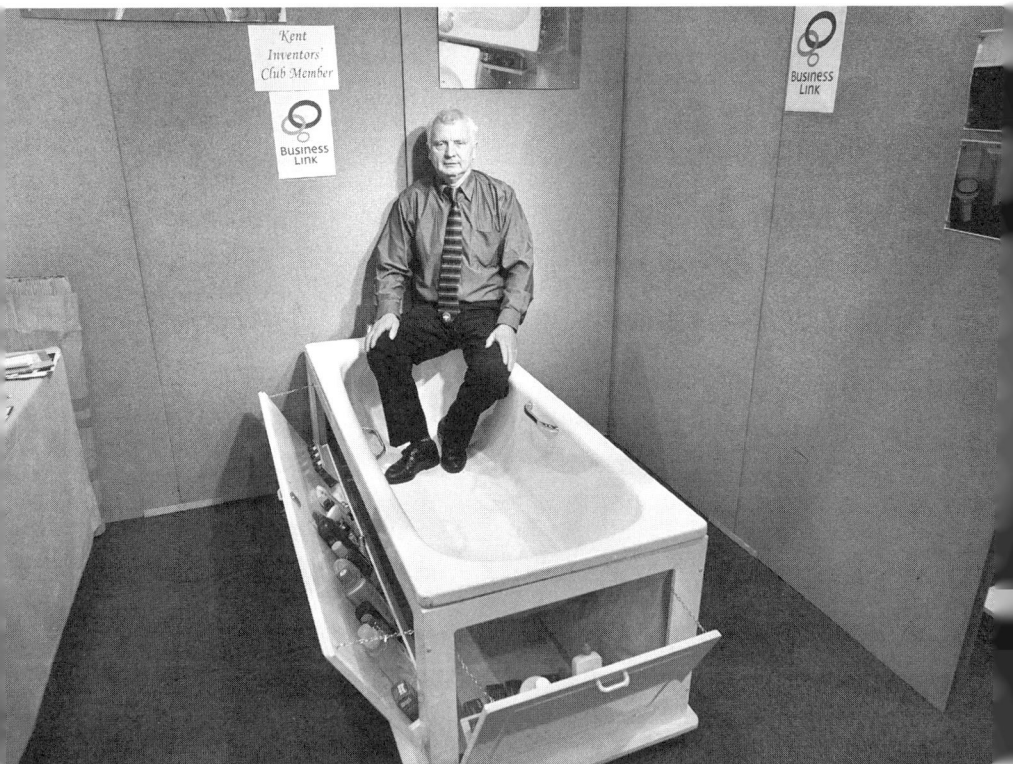

商人的丧钟，然而在公众心目中，他们却与许多令人心情烦躁、下着雨的周末，发生的失败室内再装修工程联系在一起。鲍勃爵士王冠上的另一颗宝石是连锁体育馆，新年后的两个星期里它们赚到最大的一笔钱，对象是那些被自己臃肿身材的数据搞得心烦意乱，顾不上阅读关于如何惩罚违规会员的附属细则的人。接着，与此相匹配的是遍布苏格兰和英格兰北部，为鲍勃爵士称之为"大块头女士"开设的 50 家餐饮店。如今他的兴趣甚广，分布于从医疗保健到财务服务的各个领域之内。他在丹麦拥有十几座高速公路上的桥梁，在阿尔巴尼亚有一家水泥厂。

英国发明家协会的会长负责向与会者介绍鲍勃爵士，但是他好心办坏事，先抛开主题长篇大论地谈起自己最近去巴利阿里群岛 [1] 旅行的见闻以及儿子婚礼的详细安排，最后才不慌不忙地谈到他和其他组织者能请到鲍勃爵士是多么荣幸。鲍勃爵士站在他身边，足蹬一双厚底鞋，表情凝重。这篇溢美之词没完没了地说下去，鲍勃爵士却显得无动于衷，对接受邀请并不感到那么荣幸。

最后，终于轮到身高 1.5 米的鲍勃爵士接过麦克风讲话，他的语气近乎恼怒，而他的演讲题目"我们当中的企业家"，是听众原本没有料到的。他先发表一通带苏格兰口音、咬字清晰、夹杂着骂人话的长篇大论，大肆攻击官僚们、官场上的繁文缛节、

---

1 Balearics，西班牙旅游胜地。——译者

294.

一事无成的人、不劳而获者、信托投资者以及税务稽查员，之后转而论及他的职业生涯教会他的有关赚钱艺术的 10 件事。遗憾的是，他列举的事例陈腐不堪。这也许是因为他要保守真正的秘诀，把它们带到坟墓里去，把他的钱送到希尔黑德[1]去，也许是因为他真的不知道自己这个格拉斯哥失业码头工人的儿子如何、因何终于成为世界上最富有的人士之一。因此，他只是提到自己在哪些方面有才能，如何从机场书报摊上淘来的商业书籍中学会经商。

鲍勃爵士的演说十分雄辩，他的过人之处还表现在对周围环境的焦虑不安。他以毫不留情地挑别人的错、指责别人平庸而闻名于世。这似乎在暗示，从本质上看，人的智慧不过只是一种对现状不满的高超能力。他承认自己不信任雇员和转包商，总要坚持亲手在他所有公司的来往票据上签字，还养成一种每晚熬夜仔细审查大批电子数据表的习惯。在发明"瞬间灭火器"的爱德华·范诺德在阿姆斯特丹郊区的房子里早已安详入睡以后，他一定仍在忙碌。

我们往往认为人的品质应当前后一致，我们应该表现得既美丽又深沉，既警觉又轻松，既才华横溢又平实稳健。很明确的一点是，鲍勃爵士的成功和精力固然令人钦佩，但是做他的妻儿一定不会令人高兴。

1　Hillhead，苏格兰格拉斯哥的住宅区、商业区。——译者

　　至少鲍勃爵士是一个令人鼓舞的讲究民主的人。无论谈到哪一种生意，他都拒绝接受像他这样的人不可能成功的想法。他从事过的各种工作使他对事情如何运作特别敏锐，不再受天真的孩子气的视野局限，而我们大多数人仍以这种观点观察世界。他认为，包围这些金融和工业人造庞然大物的并不是遥远或令人费解的程序的产物，而我们却常常以为它们像地球上的自然特征一样，是必然会现身的，诸如仓库、购物中心、控制塔、银行和度假胜地。他认为这些都是有点像他这样的人努力奋斗的结果，他们坚忍不拔，勤奋工作，认为命运就掌握在自己手里，由自己左右。他懂得各种因素如何聚在一起发生作用，懂得如何为一家超市融资，着手建一座 52 层的摩天大楼。他知道哪一个律师能帮他把一座石油平台弄到手，如何与澳大利亚政府谈判买下新南威尔士州的私立学校。他可以遥望一片景物，确信那不是神造的，而是多少有点像他这样的人造的。在这一点上，至少他是一位真正的成年人。

　　讲演结束后鲍勃爵士留出时间让大家提问，一个看起来像学生的人抓住机会站起来问鲍勃爵士为何决定把财产捐给一个大学图书馆。根据鲍勃爵士极短的回答判断，这个问题不是使他恼怒便是令他觉得无聊。他的超脱促使我想起历史上许多巨头的态度，他们花费毕生精力在世界各地掠夺，烦扰他们的下人，却在临死时悄然放弃抢来的财富，把它们捐给基金会。直到今日，他们的财富仍在向被某种强烈愿望萦绕的穷人散钱，这些人想写研究亚述陶器[1]的专著或演奏巴松管。这些巨头们似乎最终意识到自己没有别的抉择,只能放弃野心和贪婪,临死做个按常理判断的好人。

5

离开企业家聚会后,我立即觉得受到鼓舞、经受了锻炼。我明白自己其实赞赏一些幻想家的想法,比如穆赫辛·巴赫马尼发明的可在水上行走的鞋子,他那些稚气的商业念头意欲振作精神,开发被主流企业忽略的产品。我同样也欣赏这些精力充沛的男人和女人钻研的广度,但是他们的目的却不易达到,因为他们显然对人们如何在一些事情上作出决定有误解,如怎样渡过一个湖泊,怎样吃薯片,如何在浴室里存放东西或扑灭火。这些人是在写自己的故事,用某种当代小说的形式写创业计划,而且还添加了一些人物,赋予他们完全难以置信的性格。这种疏忽最终会受到惩罚,倒不会被某一位聪明的年轻人在《伦敦书评》上发表的尖刻评论抨击,而是因此失去客户,立即失败。

相比之下,鲍勃爵士对人心理的把握是无懈可击的。他了解人们都喜爱宽敞的停车场,会留意显著位置上打出的推销打折浴室用具的广告。他知道我们一旦摸到自己的大腿有多么粗壮便会

---

1 Assyrian,美索不达米亚北部的王国,古代中东的一个伟大帝国的核心,其陶器残片在巴比伦寺庙中发现,色彩艳丽。——译者

298.

惊慌失措，不过也知道看到价格便宜的香肠时我们会变得多么贪婪。（几年前，他的公司刚刚得到一家以汉堡包为主的快餐连锁店"金色煎香肠"的股份，收益颇丰。）尽管他深谙世事，谈到要弄清楚自己暴虐脾气中的深意时，鲍勃爵士却表现得很懒，对别人没有耐心。对积累财富的总体目的，他仅仅表现出转瞬即逝的兴趣，而且显然不愿意研究商业是否能够凭借自身力量造福社会，只是以嘲讽的口气将这一使命交给伪善而且怯懦的慈善团体。

虽然如此，你若在想象中将幻想家们和鲍勃爵士的长处结合起来便形成一个理想企业家的形象。理想主义者和实干家性格的明智结合将使此人成功，不仅在于审时度势，也在于能够应对来自官僚机构和财政方面的挑战。以制度形式将自己的需要确定下来，并以理论永远不能企及的方式影响人们的生活。

实情是，理想并不仅存在于想象之中。生活中的各种生动例子表明企业家们成功地建立起富于革新精神的学校和有开拓意识的政治组织，开创新形式的社区，开发出旨在提高生活质量的技术。我意识到自己深深钦佩他们，每当我借助传媒获悉或聚会时听老朋友讲起（甚至以其他更间接的方式）他们的业绩，这些业绩总会打动我，令我不时陷入羡慕和自愧不如的心境中。与我不同，这些有进取心的人不会一听到要交纳营业税或查验雇员分类账便逃回梦想之中。他们想法战胜资金、法律和人员方面的挑战，最终使自己的异想天开的主意变成赢利的客观实在。这些精英人物与纯粹的知识分子不同，这两类人的关系犹如自己开餐馆的厨师与写作烹饪学的作者之间的关系。

若要在公众场合里做出平庸的表白，为承认自己羡慕这些人找借口，那就是在此情形下我的感情大约是与众不同的。我们有多得出奇的人（即那些有待成为真我的人）在私下里总会表述自己的意见，憧憬我们即将创办的各种事业如何会使世界变得更加美好。处于更一厢情愿的心境时，我们甚至会在沉思默想中考虑到细节，比如店门口的遮阳棚应是怎样的，为新业务做的广告该如何措辞。这些令人愉悦并且全身心投入的白日梦源于我们的某些气质，早在儿童时期，这些气质便使我们在厨房角落里乐此不疲地玩起开杂货店的游戏，或在花园里的一个纸盒子里开旅馆。人身上好像有一种天生的持久冲动，欲以创办企业的形式表现藏在心底的热情，实现抱负。

我发誓，来年我还会来参加交易会，带上我自己发明的可以在水上行走的鞋子。

第十章
航空工业

1

有一段时间，我觉得自己什么也写不出来，常常一连好几天躺在床上想自己的工作究竟有什么意义。这时，一家从未听说过的斯洛文尼亚报社打来电话，问我是否愿意代表报社去巴黎采访，写一篇关于在布尔歇机场举行航空展的报道。在航空航天大事记上这是一个重要的展览，每年举行两次，届时制造商们云集此处与航空公司和各国空军的人见面，设法让他们对舵轮、雷达、导弹和驾驶舱的挂帘发生兴趣。

这位编辑希望我能向他的生活在卢布尔雅那和附近山区的100万读者传达他称之为"飞行带来的极度乐趣"，鼓励我留意或许会改写航空史的技术上的进展。（他举了一个例子提醒我，也许以后有可能在飞机上洗淋浴。）他表示抱歉，说酬金不多，下榻处是一家经济型酒店，俯瞰通向巴黎的一条高速公路，又补充说他有办法让我参加许多重要的新闻发布会，包括一场阿布扎比王室成员谢赫·艾哈迈德·本·赛义夫·阿勒纳哈扬亲王[1]宣布订购22架空中客车A380飞机的新闻发布会。亲王计划借此举加强他

的酋长国在世界上各免税区的显赫地位。

至少在起初几天里，交易会严格仅限航空航天专业人士和记者参加。场内平静，洋溢着轻松的欢乐气氛，人们均像在婚礼上遇见的客人。因此我与排队等着拿瓶装水的人聊天也不会是一件不同寻常的事情，或是在 G550 间谍飞机在法兰西岛上空做皮鲁埃特旋转时，我设法压过它的声音与邻座吃巧克力面包的陌生人攀谈，由此大开眼界，比方说知道了一位加蓬空军上校的生活概况。

跑道边的展览大厅划分给各个国家，展示出各国民族性在飞机部件上的体现。瑞士人专事生产飞行仪表，巴西人善于制造螺旋桨，乌克兰人则试图冲破一切难关，在起落架和金属合金方面建立自己的声誉。

尽管航空展上出售的东西贵得出奇，前来采购飞机设备的顾客们仍不可避免地受到繁华商业街上高科技产品的吸引，接受一位穿紧身连衣裤的前瑞典小姐的诱惑，或受免费去欧洲迪斯尼乐园度周末的蛊惑而参加抽彩活动。吃午饭时，很多公司腾出展位摆放当地的食品，希望一位已决定不买加利西亚²空中加油飞机的潜在买主会在品尝几片干腌火腿后顺便瞧一眼他们的产品。乌拉尔山脚下一家工厂的代表带来一大块包裹在亚麻布里的奶酪。他

1　Sheikh Ahmed Bin Saif Al Nahym，时任阿拉伯联合酋长国的阿提哈德航空公司董事长。——译者

2　Galicia，西班牙西北部一个地区。——译者

们用小刀把它切成小方块、摆放在俄罗斯联邦国旗底座周围，激发客户对齿轮架（这家企业的主要产品）的好感。

　　光顾者较少的展位不免笼罩在悲哀的气氛中。大家都明白，航空航天工业的每一部门都无法逃避破坏性竞争，即使是极端专业化的公司也无法确保不遇到竞争对手，如生产襟翼的抗氧化系统的厂家。世界上的每一种产品都有5家厂商在同时研发，然而这并不总是导致企业破产的充足理由。在沙特阿拉伯，政府高级官员作出一个决定，要在交易会上留出一个展位展示该国的航空航天工业成就。然而，公平地说，这种成就根本不存在。沙特阿拉伯的展位比平常展位大一倍，陈列柜里摆放着枝形吊灯和皮沙发，墙上挂着淡茶色毛毡，令人想起沙特阿拉伯塔伊夫山脉的色调。经理没有什么话可说，大多数时间穿着一身栗色西装，打着领带，独自与一只不锈钢日历盘默默相对而坐。不来巴黎参加展览即等于承认沙特阿拉伯不能制造飞机，由此可以推论出它对技术革新没有兴趣，已经放弃跻身有远见国家的努力。以这种方式参加交易会只会在暗中证实人们的看法，这展位便是一个大胆的回答。

　　来自俄罗斯和它的姊妹国家，在这里照管陈列品的人勇敢地应对困难。在这些国家以西的国度里，航空产品的买卖必须符合政府的条文规定，会拖很久。在这里，有关官员笑嘻嘻地一挥手便通过了。你可以当场付款买下一个导弹系统或一颗苏联时代的卫星，这些产品通常附有用于推销的简短影片，因此或许也体

现出经理的摄影技术，一个强壮男人用变调的美式英语解说导弹呼啸着飞上天空时的画面。长期以来受忽视的推销术如今异常灵活地付诸实践，这些实施者已刻苦攻读过《高效能人士的七个习惯》[1]。不幸的是，在整个消费世界里，可以辨识的商标品牌是使顾客产生信心的基本手段，而伏尔加高级客机公司似乎尚未找到一条便捷的途径以规避这条规则。

为了寻找技术上的新发明，我来到宣传一家日本厂商推出的72座小型客机的展位。一些机翼设计方面的改进使得这种飞机能够有效降低运营成本，这些改进的确切性质尚不得而知。与原物同样大小的机舱内部复制品已装在货箱里从横滨运到巴黎，可以在预约后巡回展出。与有关人士交换名片后，两个分别负责推销和市场的人带我走进机舱，在我身后锁上这架模拟喷气机的舱门，然后分别坐在通道两侧、默默地瞪着前方想象中的驾驶舱。我希望借助某一种游乐场里的把戏使这部机器做模拟飞行，但是这次参观没有特定的主题或重点，只是让客户瞧瞧座椅上的设备和配餐室。该公司要求接待人员态度殷勤，所以参观时间不宜太短。出于礼貌，我恭维了主人几句，称赞这些东西质量一流，好像是他们亲手造的一般。舱门关上以后，交易会上的嘈杂声音消失了，这时我们3人都尴尬地体会到人际沟通很不容易。于是我开始想

---

1 本书作者是史蒂芬·柯维，他曾被《时代》杂志誉为"人类潜能的导师"，并入选为全美25位最有影响力的人物之一。本书高居美国畅销书排行榜长达7年，以28种语言发行。——译者

310.

象我们真的已飞离巴黎郊外，透过窗子，由毗邻的普拉特和惠特尼公司的展位射进来的紫光提示我们正在穿越平流层。过了许久，舱门打开，我们走出来。市场部主任送给我一套明信片，上面印着这款飞机，说他期待再次见到我。不过我感觉到这家企业笼罩在悲哀的气氛中，令我怀疑它能否如愿以偿，在中型喷气机市场上占据绝对优势。

在世界上第二大发动机生产商的展位旁，我花了好几分钟观察一个特别迷人的年轻女推销员。她留着齐肩栗色长发、穿米色西装套裙，正在咬左手食指上的指甲。她靠在一只风机叶片上，两条修长的腿交叉着。她不是我那天遇到的第一位女士，但是她的容貌令我深思。我以前一直认为，卖主经常刻意依赖女性魅力的做法只是一个征服航空公司主管的粗俗计策，暗示购买该厂家的产品会使他们与某一经销人走得更近。现在我的看法有所改变：显而易见，不论多么有利可图的订货都不会使买方接近这些女人，所以她们在展位上出现只是意在给人留下深刻印象，在商业上更具说服力。她们的真正作用是提醒霸气十足但又一副饱受磨难样子的中年男性顾客：美女是可望而不可即的。这些女人驱使男人抛开所有浪漫的抱负，专心致志地做生意，处理技术问题。她们不是勾引男人的狐狸精，而是一根根激励男人奋发向上、臻于完美的马刺，是使买主境遇改善的所有好事情的象征，其前提是他们必须忘掉她们，把注意力集中在展厅里成千上万精心设计的部件上。

我必须优先考虑那家斯洛文尼亚报社交给我的任务，因此去几个新闻发布会会场做了采访。一开场，麦克风便会出现一些问题。人们在桌前坐下，桌上摆着各个公司的旗帜，在几个记者面前宣布他们已经签过协议。人们往往很难探明这些协议的意义何在，因为文中有许多缩写词，使读惯轻松易懂的普通报刊的读者望而生畏，好奇心大减。我在《每日航空消息》上读到 UPS 已选定 ADS-B 作为下一代航空电子设备。《国际航空》报道，克里莫夫正在用 VK800 抗衡 P&WC PT6。分布在几大洲各个工厂里的许多人的生计就取决于这些晦涩难懂的事件，但是它们只是人们每日在报上读到的边缘性新闻。报业没有别的选择，只能将焦点对准杀人案件、离婚消息和电影，因为它不能指望读者密切追踪那些以费解的文字表述的科学和经济领域内的新发明，虽然人类的未来要仰仗这些发明。

很多国家派来军事代表团考察新装备并且订货。在由交易会回旅馆的通勤火车上，我常常会碰到某一较弱小的空军的一位高官，挂在他胸前的那一排勋章表明他军功卓著，却与去办公室上班的同行乘客的日常工作全然无关。航空展最后一天那个早上，我在这样一列火车上与中亚一个国家的 3 位代表聊起来。他们每人都带着一个小包，里面装着毛巾和换洗内衣。这些飞行员下榻的旅馆里的锅炉坏了，他们听说展厅里有淋浴设备。他们的经历使我重新评价我住的旅馆，其优点显而易见。

他们的主要兴趣在于双引擎强击机。虽然付不起钱买一架欧

314.

洲"台风"战斗机，他们以成熟的谈判者特有的自信去见那家厂商。他们的傲慢表明，如果不能达成合适的协议，他们不用费力便可在别处找到一系列可供选择的三角形机翼战机。

欧洲"台风"战斗机经销人员带他们顺着一个小梯子爬进驾驶舱。为了谁说了算的问题他们似乎争吵了一番，先说一阵狠话才排定顺序，确定由谁先操纵飞机，一个人在一边以怀疑的眼光注视着他的两位同事，随时警惕待遇不公的迹象出现。透过玻璃座舱罩可以看到跑道另一侧有一排小房子，许多房子前面挂着衣物。待我的新朋友们握住操纵杆之时，他们的目光似乎在看别处，也许在想象自己的飞机已在敌方头顶上发射一排"风暴幻影"空对地导弹，现在正以二马赫的速度飞越帕米尔高原，沿着费琴科冰川飞行。这样他们也就忘记了从前的屈辱，如在山洞里度过的寒夜，在有露水的破晓时分嗅到骆驼呼吸发出的难闻气味。

交易会即将结束的那天下午，就要举行闭幕式时，我听说谢赫·艾哈迈德·本·赛义夫·阿勒纳哈扬亲王取消了出席计划，原因是他最喜爱的一只猎鹰生病了。但是他会发布一篇新闻稿，概述220亿美元的采购款项主要花在哪些产品上。我希望尽量推迟回到空空荡荡的旅馆房间里去，因此我在"空中客车"的展位那里闲荡，察看将要建造的飞机的透明机身模型，欣赏机舱内一排排整齐的微缩座位，也想到未来改进商务舱的雄心勃勃计划。多数代表团已经离去，清洁工人便前来擦去发动机上的指印，摆好台面上的小册子。吸尘器发出扰人的嗡嗡声，似乎在质疑厂商

所说的"空中客车"系列产品存在的意义。几天以来，我发觉自己第一次想到航空工业以外的事情上去。

原本不必担心这一晚上如何度过，回到旅馆后我便发现一场庆祝闭幕的晚会正在进行。旅馆管理部门意识到这里的客人大都是与交易会有联系的，故在酒吧里举行这样一场不拘付钱多少，量入为出的庆祝会，借机额外挣点钱。这是我遇到有血有肉的活人的大好机会，而在此之前的几天，我只能根据他们在洗手间里转动卫生纸架时发出的呼呼声，透过将我与他们分隔开的薄薄的，甚至一推便会凹进去的板壁传来的打手机说话声想象他们是怎样的人。似乎没有什么有权拍板飞机买卖的人住在这家旅馆里，那些大人物大约都在巴黎市中心的克里莱酒店预定了房间，此刻也许正在由波音公司赞助、环绕斯德岛 ¹ 遨游的游艇上进晚餐呢。也许他们正在搜肠刮肚地找得体的话说，颂扬一番巴黎圣母院中灯光照亮的拱式扶垛，那是石匠们在 1240 年前后建造的。情愿住在我所在的这家旅馆里的人大多是航空工业中第 3 级、第 4 级供应商，即那些生产较小的不那么复杂的飞机部件的人，他们甚至不生产终极产品，只是制造生产航空部件所需的工具。

啜吸着以橘色冷饮为底基的鸡尾酒，我结识了一位来自美国得克萨斯州沃思堡市的推销员。他的公司生产商务喷气机上传输氧气、燃油和机油的橡胶管。他带着发自内心的激情向我描述这

1　Ile de la Cité，巴黎塞纳河中的一个小岛。——译者

318.

些人造血管般的管子如何将各种液体快速输往乘客座位底下，这些乘客这时却在不知不觉中翱翔于云层遮蔽的大海上，飞向目的地。看到我对此颇感兴趣，他俯身从特大号皮包里抽出一本小册子递给我。那上面介绍了 3 座仓库，全都绘着横贯屋顶的红色条纹，它们位于靠近达拉斯–沃思堡机构的一个工业区。小册子上说："在供应水平流动的总体燃料溶液方面，没有哪一家公司能平我们的纪录。"不过，这位销售经理选择的旅馆证明，并非每一位潜在的顾客都打算附和这一乐观的评价。

虽然这次庆祝活动标志着几天的艰苦工作即将结束，许多参加者却觉得焦虑不安，不知究竟是为什么。订货，库存水平，英国民用航空总局的规定或易浮动的美元兑换率？有些人为诺思罗普·格鲁曼[1]准备修订它的采购流程的消息感到苦恼。一个专业从事腐蚀核查的男人告诉我，他和妻子疑心他们选了最糟糕的时间翻修在怀俄明州夏延的房子。这个地名毫无道理地令我想到一所原始小木屋的场景，与我最近在 19 世纪美国风景画家托马斯·科尔[2]的一幅特大油画上看到的景象相仿。

美中不足的是没有什么东西可吃，于是我们一边说话，一边

1　Northrop Grumman，是一家全球领先的安全公司，在美国军事工业领域享有盛誉，主要涉及航空航天、电子、信息系统、船舶制造等业务。——译者

2　Thomas Cole（1801—1848），美国风景画家，以善于表现卡茨基尔山浪漫野趣风光的风景画闻名。——译者

很不明智地吃掉大量薯片和咸坚果。明白那天晚上无法解决所有的问题，我们也要了鸡尾酒会菜单上的酒水，希望能在酒精的帮助下设法暂时忘记它们，让自己舒服一些。

端着第三次斟满的酒从吧台回到桌边时，我突然产生一个自以为很深刻的想法，即这次航空展览不过是此时此刻世界上正在举行的几百个专项工业展览之一。机场大厅里挤满代表，为拉杆行李箱制造商送来客户，为高速公路边的汽车旅馆带来生机，养活色情影片业的从业人员。人们还召开各种会议，研究海边公寓与牙科器械，废物处理与制药业，婚礼与乘拖车度假等课题。在这些交易会幕后还有为确认订房发往喜来登酒店和贝斯特韦斯特酒店的传真，以及穿过皇冠假日酒店和费尔菲尔德酒店阴郁的走廊，由厨房一路推入客房的托盘，有的用切成片的泡菜点缀着。

一个迪斯科舞会开始了，旋转中还有阿巴合唱团[1]的歌曲。这一天十分漫长，而大家再见面的机会又十分渺茫，所以跳舞很合时宜，特别是当演讲者随着《超级骑警》的曲子起舞之时。它的抒情歌词不大为人所知，却暗示各国应多多交往，而这些使大家聚在一起的飞机可以为此提供便利。

代表们纵情跳舞以便忘却推销员的种种焦虑，摆脱行业内流言蜚语带来的神经紧张。他们跳舞，为的是不再去想航空工业不

1　阿巴合唱团（ABBA），成立于 1973 年的瑞典流行组合，乐队名取自于其 4 名乐队成员的姓氏首字母，曾在 1977 年进行第一次世界性的巡回演出，是一个很成功的乐队。——译者

断变化的未来，它的下一代的加力燃烧室和机电式驾驶舱，它还承诺造出低耗油发动机和纳米技术机翼。在迪斯科舞会的帮助下，我们设法让自己回到不那么完美的现在，那就是位于布满工厂和会展中心的城市中央地带高速公路旁一个灯光暗淡的酒吧。我们伸出湿润的手相互握着在砖地上摇来晃去，从共有的人性中获得安慰。我们吃下过多的坚果，肚子发胀，我们的腰身变得臃肿，消化不良，睡眠不佳，我们的钱财被人骗走。我们仍是一群动物，偶尔仰望天上的繁星，却仍植根于大地，未能免俗。

2

参加航空展的经验使我难忘。我开始改变对飞机的看法，乘飞机时会留意座椅上的装饰、副翼以及灯具，会设想它们在飞机上有何用途，会联想到交换名片，灰色的货仓，推销员的行李箱以及交易会展位上切成块摆放在盘子里的奶酪。我不再把窗子的塑料边框视为不可省去或很自然的东西，而是生产过程中不断耐心改良的结果，是两个人在一个摆着小旗帜的讲台上商定的，而且被《每日航空消息》的摄影师拍摄下来。

半年后，我应邀在加利福尼亚州立大学贝克斯菲尔德分校演讲。驾车从洛杉矶我的住处向北行驶，抵达目的地大约要2个小时，我本想在一天之内来回。做完一场几乎没有什么人去听的报告之后，我在下午三四点离开贝克斯菲尔德，不料却在高速公路上选错出口，开上一条往东南方向去的漏斗般的不归路，进入莫哈韦沙漠。

文明的标记很快便消失，代之以像月球上的山谷一般千篇一律、连绵不断的荒芜田野。不过断言这风景酷似月球上的景色也是不公平的，呈现出一片荒凉状的星球显然不止这样。秃鹫在头顶上盘旋。经过几英里自从冰河时期结束便不曾改观的地貌后不时再度可见人类活动的迹象，于是我又有了新的机会赞叹人类不可思议的怪诞癖好，特别是在最最荒僻的地方竖起布告板的癖好："平价美味墨西哥肉卷"[1]。还有一些分散在各处的遗迹，如没有屋顶和窗子的小石屋，它们正在慢慢解体，陷入沙漠中去。这些房屋显得很古老，难以想象它们是淘金者在 19 世纪 80 年代才筑成的，并非基督诞生之前几百年间巡行天下的罗马军团士兵的杰作。

来回兜了一两个小时圈子，我为自己的无能恼羞成怒，也不再指望当天回到洛杉矶，便把车子开进莫哈韦城里的一家汽车旅馆。与金伯利在昏暗的门厅里聊过几句天气如何之类的话后，他问我要能俯瞰游泳池的豪华房还是要停车场顶上比较便宜的普通房，接着又补充说我大概会要普通房，那里火车发出的声响会小一些。

在此之前我没有时间详述。就像耸人听闻的情节剧里的场面，突然传来响彻旅馆的巨大轰鸣声，此后足足有 4 分钟我根本听不到别人说话。响声在山谷里荡漾，在蒂哈查皮山的悬崖上发

1　Fahitas，一种卷入烤牛肉和蔬菜的玉米粉圆饼。——译者

出回音后渐渐消退，使人意识到这个小城所在的沙坑硕大无比。莫哈韦横跨在美国最繁忙的铁路枢纽上，许多火车足足有 100 辆小轿车连接起来那么长，它们不分昼夜源源不断地驶来，载着化学药品、碎石、水果罐头、电视机、牛肉和玉米粉。这些货车往北方和东方而去，从长滩¹的港口驶向丹佛和芝加哥的货仓，车上装满货物，虽然每列车有 8 部机车推动，其速度却很少达到每小时 50 公里。在阴天的夜晚，成群结伙的墨西哥小偷出没于莫哈韦与贝克斯菲尔德之间的峡谷里。他们常常跳上这些慢速行驶的火车，割开装贵重物品的货箱。他们每个月都有一两个成员死在沙漠里，这些人在岩石和裂隙中迷了路，身边是装满越南生产的跑鞋的赃物袋子。金伯利给我看当地报纸上登载的一件类似的不幸事件，他丝毫不为所动，语气中流露出报复心理。看来，丢鞋的一方与偷鞋的一方扯平了。

对火车的感受令我难忘。了解它之后，你会萌生一种想法，觉得那就像你在一个酒吧里勾引了一个女人，在她起身去跳舞或去洗手间时，却发现她只有一条腿。我从金伯利那里拿到一把钥匙后便上我的房间去，但是马上便意识到必须逃离，直到要睡觉的那一瞬间再回来。我再下楼来去泳池游泳，只见一个 10 来岁的女孩坐在池边日光浴床上剪脚趾甲，剪下来的趾甲屑奇迹般地飞到青绿色水泥地板另一端。不幸的是，用来造泳池的大部分经

---

1 Long Beach，美国加利福尼亚州西南部港市。——译者

324.

费都浪费在路边竖起的一块巨大灯光指示牌上，炫耀这儿有一个
泳池存在，其结果是没有剩下多少钱用于让它真的存在。这是可
称之为泳池的池子中最小的，也许过不了多久便要改称它为澡
盆了。

于是我又开车出去绕着莫哈韦兜风。同美国西部的许多小城
一样，这里没有可供市民们聚会、举行标枪比赛、开展哲学辩论
的市中心。而根据大多数历史记录，伯里克利[1]时代的雅典人正是
这样做的。这里甚至没有沃尔玛超市。我根据城里招牌数量判断，
最吸引人的地方算是机场。机场在小城另一面的对角线上，有几
间棚屋、一个机库、两架塞斯纳气象飞机和一条起落跑道。在临
近傍晚的灰白天空上，一家超轻型飞机越过山谷缓缓飞来，我甚
至看不出它在运动。我继续绕着机场前行，这时引人注意的一幕
跃入眼帘：在跑道尽头的地平线上聚集着大群飞机，似乎一个很
大的国际机场上的所有飞机都在此降落，紧密地排列在一起，翼
梢挨着翼梢。好像有一场我不知晓的灾难发生，促使大批人从各
个大洲乘飞机迁徙到南加利福尼亚的这个角落里来。有来自荷兰、
澳大利亚、韩国、津巴布韦和瑞士的飞机，有短途"空中客车"，
也有巨大的波音747客机。使这场面更怪诞的是，这些飞机旁边
均没有平日可见到的支持设备，没有舷梯、载客车、行李车或加

1　Pericles（约公元前495—前429），古希腊奴隶主民主政治的杰出的代表
　　者，古代世界最著名的政治家之一。在他的领导下，雅典的奴隶制经济、
　　民主政治、海上霸权和古典文化臻于极盛。——译者

油车。它们停在沙漠里的灌木丛中，没有人照管它们。乘客似乎仍在舱里待着，等着门打开。

待驶近了，我才看出每一架飞机都受过损伤。有几架飞机没有机头，还有几架飞机的液体进入口和传感探头裹在银箔里。有些丢掉了起落架，机身用包装箱垫着才不会触及地面。印度航空公司的一家波音 737 客机被切割成两截，两端栽进沙里，它的驾驶舱竖起来指向天空，后机身已不见了。

这架飞机被带刺铁丝网围在栅栏里，一侧建有管理部门的一所单层简陋房屋。我想得到容许，走近看看，便推开波纹钢板门走进一间办公室。里面那人正蹲在桌子底下处理打印机故障，这困境自然弄得他情绪极坏。"不行。"他头也不抬便冲我嚷道。我解释说，我驾车路过飞机场，那些被人抛弃，在沙漠里慢慢烂掉的巨大的飞机有一种奇特悲壮的美，把我迷住了。

"滚开。我们不接待参观。"他斩钉截铁地回答道。

我很自信，认为此人若是了解我产生好奇心的深层缘由，或许会改变主意。于是我开始向他演讲，类似戏剧独白。以下是经过润饰但大体相同的文本，若是不让读者读到未免不公平。

"我想进一步探访这些几近毁灭的飞机，虽然是个人行为，但是与一种悠久的西方传统一致。我也想很投入地研究衰亡之中文明的残片，这种传统至少可以追溯到 18 世纪。当时，包括歌德在内的众多探访遗迹的人士去意大利半岛欣赏古罗马遗址，通常是在月光下。看着昔日壮观的宫殿和大剧院遗址，他们的心灵得到抚慰，虽然现在那里已成为一片杂草丛生、狼和野狗出没的荒地。德国人一向是一个善于造出复杂词汇的民族，他们创造出'毁灭欲望'（Ruinenlust）这个词，用以描述这种新潮的激情。实际上，一个社会越是进步，就越对被废弃的东西有兴趣，因为它从中得到有益提醒，从而清醒地认识到它自己的成功也是十分脆弱的。废弃之物亦是对我们迷恋权力地位和荣华富贵的直接挑战，像刺破轮胎放气那样使我们不致再犯愚蠢的错误，去全方位地疯狂追求财富。因此，一个来美国的游客自然会对这个国家发展中往往被忽略的一面发生兴趣，尽管它是所有现代社会中技术最发达的。对我而言，你窗外那架正在解体的美国大陆航空公司的波音 747 客机一定与青年时代的爱德华·吉本[1]眼中的罗马竞技场差不多同样有趣。"

听完我这些雄辩有力、很有文化的深奥大道理，此人一时沉默不语。我们仍听得到那架超轻型飞机在头顶发出的嗡嗡声响。此人显然天生不愿说过分恭维别人的甜言蜜语，因此当他终于张开尊口时，那话仍是"滚开"。这次他说得干脆利落，也许是认为上次回答得不够尖锐。为了免生歧义，发生误会，他又恶声恶气地补一句："他妈的从这儿给我滚出去，要不，我就给你屁股上来一枪。"

1　Edward Gibbon（1737—1794），英国历史学家，《罗马帝国衰亡史》的作者。——译者

　　此人话虽然说得难听，却并非完全不讲道理。他对钱的价值了解得很透彻，于是我给他几张面额 20 美元的钞票。此后我们便商定，在那个机场晚上关门之前我可以随意在那里闲逛，不过先要在一份很长的法律文件上签字，保证我（如果我死了，那就是我的亲属）永远不可因室外种种危险可能对我造成的伤害控告他或他的继承人。条款包括，但不局限于一些像剃须刀一般锐利的飞机机翼，放置不稳的机身以及莫哈韦沙漠里的响尾蛇。这些脑袋呈三角形的蛇已在飞机上的配餐室里、发动机里和座位上安家落户。临别之时，我的这位良师益友还柔声细语地特别叮咛我，要我当心沙漠里的乌龟，它们也在这些飞机残骸中游荡。据他说，很多乌龟已有 100 多岁了。可以想见，当"圣路易斯精神"号[1]飞越大西洋时它们正值二三十岁的壮年。它们十分提防陌生人，一旦受到惊吓便会泻出膀胱里的尿，其结果是失去整个季节里体内所需的水分，它们全靠它维持生命。

　　进入机场以后，我才发现飞机损坏得远比我想象的更厉害。只有几架飞机是完整的，多数零部件都被拆卸走，仅有主干部分保持完整。地上散布着起落架、发动机、座椅、货柜、副翼和升降舵。这些机器尚能工作时备受工程师和高级技师的宠爱，死去后却受到锯子和钻头的任意宰割。

1　1927 年 5 月 21 日，美国飞行员查尔斯·林德伯格驾驶单引擎单翼飞机
　　"圣路易斯精神"号由纽约飞至巴黎，历时 3 小时 39 分，成功地完成世
　　界上首次跨越大西洋的单人直达飞行。——译者

　　这里异常喧闹。送食物的手推车上的门、安全带、翻转过来的卫生间里的马桶在风中噼啪噼啪响，让这里变得像风暴中的码头一般热闹。很多飞机上炫耀似的印着所属公司的名称：中途岛航空公司、布拉尼夫航空公司、诺瓦航空公司、非洲捷运航空公司、环球航空公司、瑞士航空公司。它们起初被编入各大航空公司的机队，随着时光的流逝在航空业的阶梯上逐渐降低，直到最后堕落成为只在夜间飞行的货机，往返于迈阿密到圣胡安[1]之间或在亚的斯亚贝巴与哈拉雷两地间穿梭，昔日一尘不染的头等舱座椅如今用银色的胶带粘在一起。

　　索马里航空公司的一家波音 707 客机侧身躺着，只剩下一只机翼。1966 年，澳大利亚航空公司将它买下，此后的 8 年里它在伦敦与悉尼之间飞行。后来，它被转卖给马来西亚航空公司。在吉隆坡，新主人将漆在机尾上的袋鼠涂去，换上一只有民族风格的小鸟，还撤销了头等舱。在飞往香港的航线上服务 10 年后，这架飞机又转入索马里人之手，这时它的机身后部已是污垢斑斑。靠非法生产的零部件维持，这架波音飞机蹒跚着飞上天空，在摩加迪沙、约翰内斯堡和法兰克福几地之间往来，运送士兵、走私犯、救援人员和旅游客人。此后它在摩加迪沙机场与一辆行李车相撞，与叛乱分子交战时机尾被子弹射穿，一台发动机着火后在内罗毕机场紧急降落。这家航空公司最终破产，它的总裁也在一

1　San Juan，波多黎各首府。——译者

次恶性的抢劫事件中被人开枪打死，这时有关方面达成协议，把这架已很脆弱的飞机运往它最后的归宿。

飞机很快便衰老，真是触目惊心。摆在这儿的最旧的飞机从生产线上下来还不到 50 年，但是它们显得比古希腊的一座神殿更古老。驾驶舱里残留着已过时的设备：体积很大的胶木电话，一卷卷很粗的电缆线，装在天花板上放置电影放映机的粗笨大匣子。舱里还设有随机工程师的座位，如今他们的工作已被一部与一本精装书籍差不多大小的电脑取代。有些飞机上装有普拉特和惠特尼公司生产的 JT3D 发动机，那是 20 世纪 70 年代的宠儿，可以产生在当时看来很强大的 17 500 磅驱动力。它却不曾料到，几十年之后自己的换代产品具有 5 倍于此的驱动力，却仅消耗一点点燃料并且只是产生一点点噪声。

在现代持久的技术和社会变革的背景下，死亡的前景变得别具特色，它令我们完全丧失信心，不再认为劳作具有永恒的意义。或许我们的祖先会相信，他们取得的成就能够经受流逝中万物的沧桑巨变，我们却明白时间是一阵终将席卷一切的飓风。我们的楼宇，我们对格调的感觉，我们的观念很快皆会成为与时代相悖的谬误，而我们如今过分为之自豪的各种机器很快会变得极其平庸，就像郁力克[1]的骷髅一样。

1　在莎士比亚剧作《哈姆雷特》第五幕中，为奥菲利亚掘墓穴的小丑掘出一具骷髅。小丑认为那是"国王的弄臣郁力克的骷髅"。——译者

为了辨认一架既无驾驶舱又无轮子的环球航空公司的客机，我爬进机身，在 1C 号座位上坐下来。这是一把材质高档的宝蓝色大班椅，坐垫中间有一大块污迹。这时已是傍晚 7 点钟，不过天色仍很明亮，温度宜人。我想按叫人铃，要空姐端一杯可乐来，不过又想到她现在或许已经死去。我注意到我身后几排座位上的应急氧气罩已从头顶的匣子里落下来。这并非是因为发生过人们臆想中的可怕事故：发动机起火，主舱门旁的应急滑行梯变形，不能使用，女士们心情过于紧张，忘记脱下她们的高跟鞋，却只是由于经过多年腐蚀，系住氧气罩的弹簧扣已不起作用。也许，我们更有可能以同样的方式死去，不特别具有戏剧性，没有戴着面罩的消防员朝跑道上喷泡沫，没有众人在事故发生后纷纷前来表示安慰，也没有新闻播音员的同情。经过平淡的缓慢蜕变过程，氧气罩渐渐松落，在沙漠的风中悠闲地飘摇。目睹这一幕的只有响尾蛇和容易害羞、小便总会失禁的沙漠乌龟。

我转念想到那些建造这些机器，赋予它们生机的人，即那些在 1968 年巴黎布尔歇机场举行的航空展览上交换名片的雇员们，那些在新泽西州特伦顿市造出供机内通话的胶木电话的人。在美国的东方航空公司扩张后不久，他们在加拿大卡尔加里附近的一家工厂里造出时髦的毯子，如今这些毯子正在莫哈韦的尘土里消失。我又想到那位机长，想到他可能对空姐讲过一些调情的话，在 1971 年一次前往加勒比海的飞行中，她给他端去包在锡纸里的一盘晚餐。就在那一年，伊迪·阿明[1]出掌大权，约翰·纽康比[2]第三次获得温布尔登网球锦标赛男子单打冠军。我想象纽康比戴着编织的金色帽子和飞行员眼镜的样子，他的有汗毛而且晒黑的胳膊，他如何在牙买加的金斯敦[3]下飞机后走向停机坪，以及他下榻的那个洋红色和紫色房间，从那里可以俯瞰机场附近新开张的圣斯克俱乐部[4]。

人似乎不大可能会想到自己的死亡，死亡的想法与处于代谢中的身体和敏锐的思想是格格不入的。几乎不会有什么会提醒他、警示他，他已多次遇到必须先让膝盖弯曲才能不费力地拎起一只箱子的情况。最终，动动脑筋想些简单的事情也会令他感到很艰难。他正在工作中捱过仍属于他的那1万多个日子，每天在奥黑尔堵车，在墨西哥湾遇到糟糕的天气都会令他体验到轻微的焦虑不安，那终究会在某一天早上达到临界点，在菲尼克斯郊外的路上以突如其来、无法逆转的心脏痉挛的形式表现出来。

倘若还有等待完成的工作，人便很难惦记着死亡，那似乎倒不是出于忌讳。就其性质而言，工作只要求全身心地投入，不容许我们分心去做其他事情。它一定会破坏我们的观察能力，而我们恰

1　Idi Amin（1925—2003），1971—1979 年间任乌干达总统。——译者

2　John Newcombe（1944—　），澳大利亚网球运动员，曾多次获得世界网球冠军。——译者

3　Kingston，牙买加首都。——译者

4　Sunseeker Club，一家英国游艇俱乐部。——译者

恰会因此感激它，感激它让我们身陷于种种事变之中，感激它在我们去巴黎推销机油途中让我们以美丽的轻盈姿态去接受自身的死亡以及远大抱负的幻灭，仅仅将它们视为理智的命题。正是不可避免的短视驱使我们履行自己的职责，生存的动力即在于此。那是一种盲目的意志力，同一只蛾子艰难地爬过窗台一样感人至深。这只蛾子在匆匆掠过的油漆刷子留下的一团油漆前绕行，不愿去细想更宏大的未来规划，其中也包括它自己将在午夜到来之前死去。

　　关于我们是很微不足道，很容易受到伤害的观点是人人皆知，乏味单调的，无须详述。有趣的是，即使是在我们认识到这些工作毫无意义之时，我们仍会自以为是地去工作，意志坚定，认真严肃。冲动之下，我们会夸大自己所从事的工作的意义，这绝不是智力低下，而是生活本身的逻辑在我们身上体现。健康激励我们同情世界各地人类的经历，把它们视为我们自己的事情。所以我们会为一个遥远国度里发生的谋杀事件叹息，会企盼经济增长，技术进步，即使那将是发生在我们身后很多、很多年以后的事情，却全然忘记自己不过只是几个距离目标很远的"无赖细胞"[1]而已。

　　我们把自己看作宇宙的中心，我们把现时当作历史发展的顶点，认为即将召开的会议具有伟大意义，视而不见坟墓带给我们的教训，读书不多或不求甚解，感受到工作中的最后期限带来的压力，冲着同事声色俱厉地说话，按照会议日程安排在 11：00—11：15

　　1　rogue cells，1968 年出现的生物细胞学术语。——译者

之间"休会喝咖啡"，表现得漫不经心、贪婪，却在与别人的争斗中消耗精力。这一切的一切，或许最终只是一种工作的智慧。若自作聪明，想方设法地去应对死亡，便太抬举死神了。因此，在从事各种工作时，让我们为自己的能力惊叹不已吧：我们把木质纸浆运过波罗的海，切下金枪鱼的脑袋，研制种类多得令人揪心的饼干，给希望改行的人出主意，发射一颗能迷倒一代日本女孩子的卫星，在田野里画橡树，铺设一条电线，算账，发明一种除臭剂发放机，或为一架客机造一根强力弯管。待死神找到我们之时，唯愿我们正在从事微不足道的琐事，借此与它掀起的波涛抗争。

如果能够看到自己事业的最终结局，我们只好立即瘫倒在地。曾有人目送薛西斯[1]的军队出发远征希腊，听到塔杰尚艾克[2]下令建造坎昆金殿，看到英国殖民官员为印度邮政局举行落成仪式。这些充满激情的演员们，最终的结局都是功败垂成，有人会在心底里怀念他们吗？

至少工作能够转移我们的注意力，给我们一个美好的气泡，让我们置身于其中，去使人生臻于完美。它会让我们将无穷无尽的焦虑不安集中到一些相对较渺小，可望实现的目标上来。它会赋予我们大权在握的感觉，会使我们有尊严地感到疲惫，会把食物摆上餐桌。总之，它会使我们避免更大的麻烦。

1　Xerxes（约公元前519—前465），是波斯国王（前485—前465在位），曾率大军入侵希腊。——译者

2　Taj Chan Ahk，8世纪玛雅城邦国王。——译者

图片致谢

　　此书不仅是论说文，亦是图片报道。动笔之始，我便有幸与摄影师理查德·贝克合作（个人网站：www.bakerpictures.com）。我十分感激他，他具有审美眼光，而且在危机时刻锲而不舍，心态甚好。读者可以在 www.alaindebotton.com/work 浏览更多照片。

　　其余照片来源：

　　第三章：画家爱德华·霍珀作品《纽约电影院》版权属于纽约现代艺术博物馆；

　　第六章：斯蒂芬·泰勒照片的版权属于诺福克郡新月图片社肯·阿德拉得；树的鸟瞰照片为斯蒂芬·泰勒所摄（个人网站：www.stephentaylorpaintings.com），由艾塞克斯郡与萨福克郡滑翔运动俱乐部提供；画廊内部照片，地址为伦敦大东街凡蒂戈62号，照片由摄影师提供。

致谢

　　我由衷感谢众多容许我进入他们工作场所的机构与个人，感谢诸位花费很多时间与我探讨他们的职业。我特别感激马丁·加赛德、格莱尼丝·道森、弗雷德·斯特罗扬、露西·佩勒姆·伯恩、马里亚姆·森纳、萨拉·梅森、亚西尔·瓦希德、W. 马姆杜、纳莱姆·穆罕默德、萨勒马·艾哈迈德、易卜拉欣·拉扬、佛朗哥·博纳奇纳、乔斯·罗西、布丽吉特·科尔姆泽、伊阿宋·奥顿和伊恩·麦考利。我在文中改换过一些人名，以免泄露他们的身份。我还要感谢汤姆·韦尔登、海伦·弗雷泽、约翰·梅金森、多萝西·斯特雷特、约安娜·尼耶尔、丹·弗兰克、尼可·阿拉吉、西蒙·普罗瑟、卡罗琳·道内和夏洛特·德波顿。我亦感谢纽约费伯·费伯出版社与兰登书屋，他们容许我在第八章中引用 W. H. 奥登的诗《经理们》。

Alain de Botton
The Pleasures and Sorrows of Work
Penguin Group, 2009
根据企鹅图书公司2009版译出
Copyright © 2009 by Alain de Botton
Simplified Chinese Translation Copyright © 2021 by Shanghai Translation
Publishing House
All Rights Reserved
作者个人网站：www.alaindebotton.com ·

图字：09-2008-755号

图书在版编目（CIP）数据

　　工作的迷思 /（英）阿兰·德波顿
（Alain de Botton）著；袁洪庚译. — 上海：上海译
文出版社，2021.6
　　（阿兰·德波顿作品集）
　　书名原文：The Pleasures and Sorrows of Work
　　ISBN 978-7-5327-8761-6

　　Ⅰ.①工… Ⅱ.①阿… ②袁… Ⅲ.①哲学—通俗读
物 Ⅳ.①B-49

　　中国版本图书馆CIP数据核字（2021）第107221号

工作的迷思
［英］阿兰·德波顿　著　袁洪庚　译
责任编辑 / 衷雅琴　封面设计 / 观止堂 ＿ 未氓　内文版式 / 高　熹

上海译文出版社有限公司出版、发行
网址：www.yiwen.com.cn
200001　上海福建中路193号
浙江新华数码印务有限公司印刷

开本 890×1240　1/32　印张 11.5　插页 5　字数 121,000
2021年7月第1版　2021年7月第1次印刷
印数：0,001—8,000 册

ISBN 978-7-5327-8761-6/I · 5407
定价：66.00元